程兆熊作品集 9

臺灣山地日記

程兆熊 著

橫越合歡山兼記太平山 大元山之行

半截茅寮供夜宿，山環水繞天高高，
夢醒猶然見月白，合歡溪響益如潮。

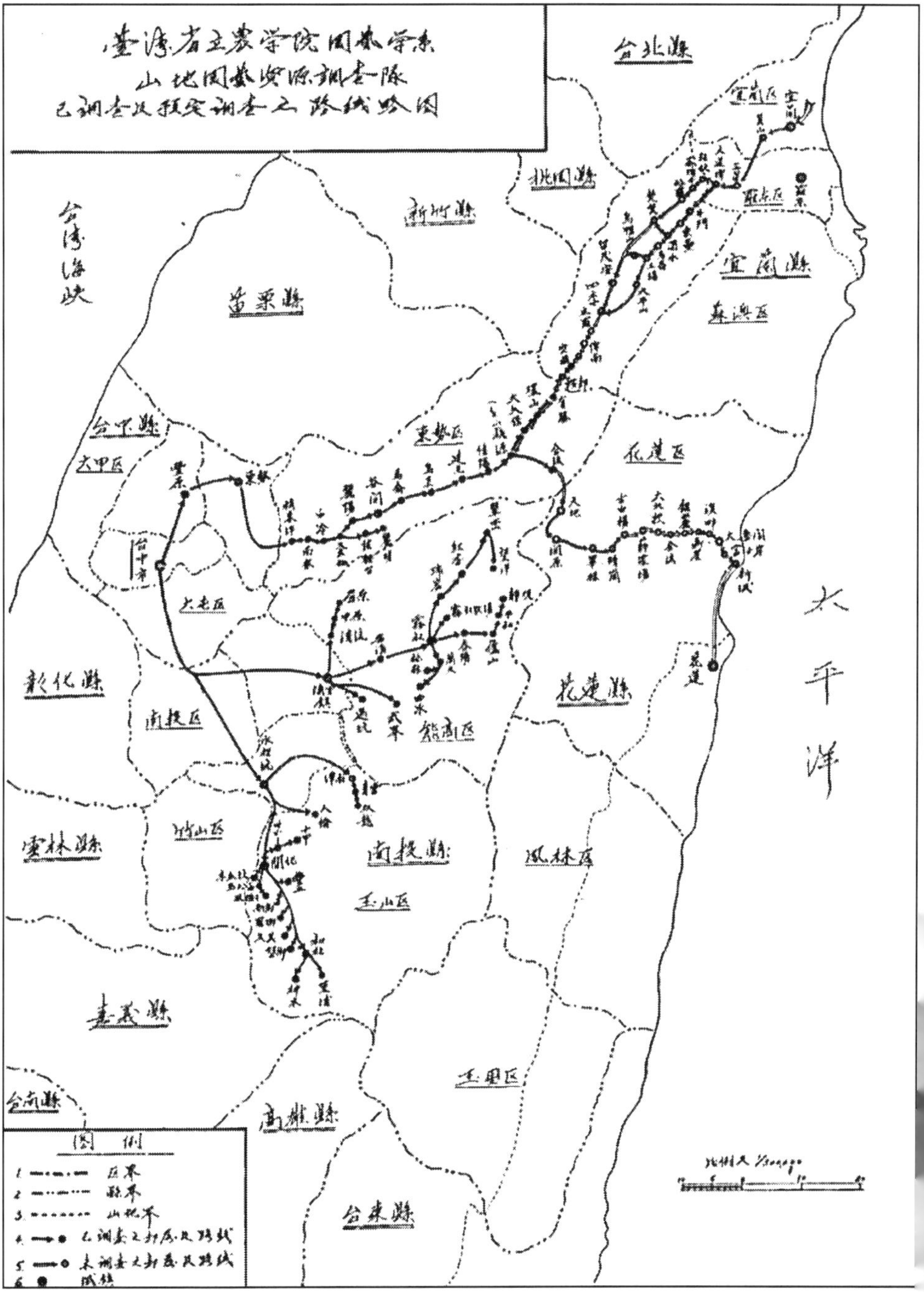

錄自 中國農村復興聯合委員會特刊第十六號 台灣省中部山地園藝資源調查報告

闢路開山

香港九龍沙田 錢邸 和錢穆夫婦閒話

香港時期 和唐君毅 謝幼偉於九龍沙田淨苑

程兆熊主持園藝系時.策劃山地園藝資源調查，入山前和山胞合影

程兆熊攝於台灣山地原始林巨樹下

程兆熊攜全家人從香港回到台灣，主持台中農學院園藝系，居台中忠義橫巷

前言

余自民國四十四年暑期起，即偕同臺中農學院園藝系師生，從事高山族所居山地之園藝資源調查。此原爲一科學工作，然余竟挾「禮失求諸野」與「五月渡瀘」之懷以往，如此三年，不以爲苦，亦不以爲險。惟同往之師生，同此苦，同此險，且無一失，誠萬幸也。曾寫成《臺灣山地紀行》，《宜蘭山地之行》，《山地書》及本書。本書之印行，甚思以之紀念同往者。念同事先後同往者：黃弼臣，朱長志，林樂健，彭昌祜，閻傳苓，蔡繼聰，方兆駿，范念慈，高琦瑛，李本湘，高嘉訓諸先生，同學之同往者：李玉寶，王景炎，崔玉亮，蘇孫波，徐鴻洲，李信芳，徐郁，唐燕寵，羅樹忠，蔡順仁，彭玉城，鄭克虹，張達聰，王世平，王以歐，黃瑞慶，徐俊鄰，林吉義，張琮瑤，黃靖惠，楊昭輝，湯俊齡，曾癸堂，黃敏展，朱宜英，周若男，黃新民，林衍慶，蔡純珠，鄭秉書，畢德森，黃瓊枝，鐘維娜，孔憲鐸，李成芳，傅靜珍，周逸彬，何民雄，楊淙熙，王心玉，章祖厚，呂素容，歐陽南屏，屠松炎，齊樂平，孫鴻鎮，杜銓，陳介鐵，王淑芬，李顯庭，施秋澄，杜萬進，江文雄，何仁英，郭慶德，趙維黨，沈國權，魏中光，張定邦，蘇德南，林耀夏，黃德用，黃卷重，陳哲雄，陳炳輝，吳守仁，葉永暄，黃邦生，隋逸先，李繼儒，黃茂榮，徐祖平，王祖清，李新梓，薛正綺，喻若芳，張素芸，蔡潔，鄭金元，王義成，倪啓昌，黃章，鄭秀貞，劉禮光，管式昭，劉大本，溫彩光，簡廷芳，黃正芳，甯之琴，張佩良，吳仁竹，黃孟超，范大渝，游貽富，葉凱琛，孫以東，洪祖仁，王樹翰，林大魁，許翠玉，黃達雄，游汝謙諸君，固皆永不可忘。又此日記稿，曾由小女明琤及鍾維娜同學合力繕寫，貫之兄刊於人生雜誌，併此誌謝。

民國四十七年三月　程兆熊自記

目次

七月五日 星期五 下午雨

上午八時半由臺中經東勢，稍來坪至谷關，換乘電力公司工程車抵達見，宿達見水文站，此行同事六人、同學二十人，工友二人共二十八人，繼續從事山地園藝資源之調查，今已是第三年。酷暑登山，深入山地，前兩年猶爲有山胞部落之區，今則須經絕無人烟之境，因攜帳篷同行，準備山中露宿，此後山中自難有如此日之夜臥舒適。

過稍來坪時，曾至和平鄉公所接洽入山調查路途事，見山地姑娘詹某，伊曾來我家，係我家山地女工之親戚，伊見我時情意至慇，與城市人全不一樣，眞令人感覺山中一草一木皆另有情味，別有意境。

山坡頗險，生命往往在呼吸之間，一有失著，即墮深谷中，不復能有生命。沉思至此，自只好一切放下，如此行能平安而還，自更須謝天謝地。臨睡前，用橋牌作卜，竟卜得此行尚稱順利。若以今日情形而言，此行開始確稱順利。僅下午遇雨而已。

七月六日 星期六 下午小雨

清晨由達見出發至佳陽，爲僱工挑行李事，滯留佳陽一日並宿佳陽。達見至佳陽僅十公里，步行凡二小時，一路風光至美，而佳陽部落尤足留連。

我來佳陽，今已是第三次，前年暑期來此一次，去年暑期又來此一次，當第二次來佳陽時，因參加佳陽一山胞之婚禮，得悉佳陽頭目之子，考取臺中農職，全爲公費，此在山地乃一至爲不易之事。惟此子年幼，不欲離家遠出，須其姐作伴，始願前往臺中。我遂邀其姐一面在我家爲女工，一面伴其幼弟就學。其姐欣然應允，隨我至家，前數月始返佳陽。我此次來佳陽時，復至其家，其情意之慇切，尤足顯出山地人之本性，日昨在稍來坪所遇之山地姑娘，即其親戚。

昨夜夜臥，殊爲不寧。年來入山，竟頗有諸葛亮五月渡瀘之感，事雖有大小之懸殊，但若僅就此念之動，與此心之微處而言，千載之下，說有某種程度上之契合，又何不可？然夜臥不寧，總須有以自寧，此則必須有以自養。古人於其一己身心之修養上，皆有一套，而今人則只是心身無著。世變至此，豈無緣由？

遇中大同學陳君，山中獲遇同學，自是快事，此使佳陽益增留連之情。

七月七日 星期日 晴

由佳陽至梨山，宿派出所，為僱山胞挑行李事，在此滯留一日。

將學生二十人之工作加以分配。今日大學生每多習氣。因憶及安因斯坦也樂於引述之語，此即：「把學校所學的東西都完全忘了的時候，就是教育」。今日教育誠令人心憂。思山行可除習氣。

梨山海拔高度約在一千七百公尺。較佳陽高約三百餘公尺。其上現正開闢一大農場，面積凡百餘公頃，在此深山之頂開闢農場眞無異開天闢地。去年來梨山時，曾至其地勘察，即有意於此闢一山地果園，竟不料其地先已成立農場。

前三日有美國顧問曾至此欲去花蓮，乃因僱山胞挑行李雖願每日付五十元，亦未能成事，遂改道赴宜蘭。此次我們一行二十八人，經此赴花蓮，竟獲以每日三十五元之代價，僱得伕子助成行程，其原因之一，為何巡官之幫忙，而又一原因，則為山胞對我們年來調查工作之好感，知我等動機之純正，與工作之有利於他們。

梨山面對大雪山，由佳陽來此，先過氣合橋，次過佳源橋，二橋皆爲吊橋。所過二水，一爲氣合溪，一爲佳源溪，風景皆絕麗。

七月八日 星期一

昨夜爲僱挑夫事，至一時始睡，今晨原定環山十五人，竟無一人至，梨山原僱五人，亦只有三人來，另太保久之部落來一人，共僅僱得挑夫四人，佳陽原約定二人，亦全未到。於無可奈何中，決由同學每人背食米七斤半，菜餚二斤，先生衣物亦盡量減少，帳篷只帶一個，遂獲成行。另先生及同學各一人則將剩下什物運返臺中。

由梨山出發，一再遷延，已是十時半，起先一直爬山，至一山頭於一墾蓬略事休息，乃又一直下山，至合歡溪底。溪水全碧，兩山高聳，由一根鐵索上渡過溪流，此乃所謂索道。平生乘索道渡河，以此爲第一次。鐵索繫於兩岸，高懸溪水之上，行人吊於鐵索下，由對岸之人用繩拉過，如坐飛船。

渡合歡溪後，又繼續爬山，其坡度竟在七、八十度之間，爬時眞是吃力。迨爬至一山嶺，又是下坡，一直又下至合歡溪底。合歡溪在兩山間直流而下，千迴百轉。當第二次至合歡溪底時，已不知高出第一次之合歡溪底若干丈了。

在第二次所遇之合歡溪底見兩茅蓬，乃獵人臨時夜宿之處，我們一行人亦宿是處，此即所謂合流。由梨山至合流約十五公里，但已走了五小時，爬山大不易。

當抵合流時，所僱四位山胞及一位嚮導，立即御下行李對我說：要去溪上釣魚。我即答以每釣一魚，當付五元。據云此間魚除日本北海道以外，他處皆無有，乃特別之魚。隨後我亦至溪邊洗手洗面洗足洗身，久久坐於溪石之上，眞忘今世何世。水聲悅耳，山色醒心，行人到此，自爲一大快事。山胞釣魚，更久久未回。曾見其釣得一魚，使我憶及少年時日，其時暑假回家，亦常於澗水旁垂釣，及今思之，如同隔世。

挑行李的山胞們在合歡溪垂釣歸來時釣得魚兒多尾，讓我們吃了一頓前所未有的豐盛的晚餐。一會兒漸漸夜了，我們的住宿處是一個帳篷，二個山胞遺下的茅寮。帳篷給同學住，我和先生們擠在半截茅寮中幾同露宿，山環水繞草低垂，夜來明月如霜，溪水更是潺潺，竟似身居華堂之內，安安睡去。

中夜醒來，合歡溪水，其聲更響，而天空一輪明月，其色尤白，所住半截茅寮，山環水繞，自成一境，這正是：

半截茅寮供夜宿，山環水繞天高高，夢醒猶然見月白，合歡溪響益如潮。

七月九日 星期二

於半截茅寮中一早就醒了，看看寮前的天色和山色，眞是清新。

我起來以後，就問大家睡得可好，有沒有遇到山蛇，旋知大家都很平安，心念此行實不免有點冒險，然於此亦益覺「把學校所學的都忘了，方是教育」，以至「把世間所有的都放下，方是人生」。

遺失了牙刷，一早就只好不再刷牙，又折斷了飯箸，於是又只好吃飯時改用菜匙，在山中生活可以隨處適應起來。

七時出發，又是乘鐵索渡過了合歡溪，此一鐵索較第一次所乘者更高，亦更有趣，我們一行三十一人，一個一個乘鐵索渡著合歡溪，足足費了一小時。

渡過鐵索之後，就一直爬山，起初是穿過一座像是原始林的樹木，隨後爬上一個近八十度的山崖。到了一個山頭，又是一個山頭。爬了不少的山頭，又穿過了幾座樹林，還踏過了幾個山頭上的草原。茅草不僅掩了山徑，而且高過人頭，有些地方，須從茅草下鑽過去，弄得我們臉上和兩個手臂上都滿了傷痕，我更膝蓋碰到一個石頭，流了一點血。

終於到了一個山頭，山頭上又是一片草，我們在那裡吃了便當（飯），吃完了又是匆匆的走，這時候下了一個小山坡，但接著又是爬上一個山頭，接著還是一個山頭。在山頭上望見大雪山和南湖大山，小雪山，八仙山，松嶺，次高山，中央尖山，畢祿山等。而一已所爬者，則為合歡山。在爬山時一步是一步，一尺是一尺，一寸是一寸，眞不知能爬至何處。但一登山頭，群山即看得清楚。

在樹林中，頗採集了一些蘭花，有一種矮株萬代蘭，集生在一小樹枝上，遂將此一小樹枝取來作了一根蘭花杖，攜之而行。

在今日到達的最後一個山頭上，遠遠望去，在山凹處一座檜林下有一池水，碧綠可愛，那就是我們今日要住宿的所在，叫做天池，我十分愉快地和嚮導首先到達天池，天池直徑有百餘公尺，旁有兩三個山胞打獵時臨時蓋就的草寮，較昨日在合歡溪畔所宿之草寮尤差，大家到齊以後，我仍是讓學生們住帳篷，而和幾位先生住一草寮內，草寮破敗之至，實不足以蔽風雨，寮內又霉又濕，只好先用烟火燻了一陣，方進到寮中。

夜臥破寮中，寒風，襲襲，穿著毛衣猶冷。天池高約二千七百公尺，白天有太陽時尚暖，入夜即似初冬。

傍晚天池四周密雲滿佈並有雷聲，知四周正下大雨，當時蠻以爲天池亦將下雨，竟不料夜來猶是一輪明月，眞是大幸，因獲安心就寢，夜半露水從草寮破處滴下，又心驚是雨，實則星月滿空，萬山如畫，眞難得天池之夜，如此明麗，古檜森森，迄立於天池之側，人在其間，又焉知是身在破寮之內？

我臥寮內只臨時砍了一些茅竹，鋪在地上，地極不平，夜來背脊因之酸痛，惟整日爬山，入夜亦只好呼呼入睡，寮後及寮左寮右皆是草深及腹，深恐蛇入寮中，惟終未見蛇影，此亦因天池之夜已是初冬情景，氣溫七度八，群蛇實難活動，有一學生對我說竟不料你今日還住破寮中，我聞之微笑。

七月十日 星期三

清晨由破寮中起來，牙未能刷，臉也未洗，就吃飯了，飯後又是一行三十一人一同爬山，生活在極度簡單之下，爬山竟是愈爬愈有勁。

今日還是在合歡山中，爬上爬下，七時半出發直爬至十時半，始爬登合歡山頂，大家拍了一個照。

在合歡山頂四望，知可作園藝上之用地頗多，為之心喜。合歡山頂高約三千公尺，除所見大雪山等以外，猶見奇萊山與立霧溪等處，奇萊山據云有金礦，山色亦佳。

由合歡山頂而下，即至南投縣境，旋見合歡埡口，由此至關原，凡十二公里半，當下至赴關原途中，路始較為平坦，惟茅草大盛，有時竟將路徑全掩，大家至此又是在茅草中鑽進鑽出，至下午三時許始抵關原。

關原有數間茅屋，乃橫貫公路測量隊臨時辦公之處，今已寂無一人，大家開門而入，都慶幸著今晚可以舒適入睡，自破寮居住之人看茅屋，自更似華堂。

我在合流至天池途中，所攜生有蘭花之手杖，今日由茅草中出入，蘭花大都被擦落，到關原時竟所剩無幾，因將手杖割斷，將蘭花被擦落之一端棄去，僅留一小段置囊中以便攜歸。

蘭花被茅草擦落，而我在茅草中行走時，亦一度跌入斷崖中，但幸被茅草纏住，終未跌下，茅草長在斷崖傍將一切遮住，我踏崖傍之茅中遂致陷落，時一學生在側，將我拉上，若非茅草纏住，即不知陷落何處了。

初以為自合歡溪畔至天池之路，最不易行，實則自天池至關原之路，因茅草太深亦不易走，當抵關原時，見不少之月見草，又見野石竹昏鮮艷可愛，山百合更一路都是，我折了三枝山百合插在衣襟，行走之際，聞其清香，眞是令人忘疲。

關原一帶多古松，在抵關原前，大家還曾坐古松之旁用午膳，松下清風，竟一下子吹乾了滿身臭汗。

在關原住處之旁還有幾株蘋果樹，最初是朱先生發現，蔡先生並攜來兩個小蘋果給我看，說是要拿回做標本，我見之心喜。隨後趁無事時，我更親至其處，見三株蘋果樹長得十分茂盛，但已不見更有蘋果，為之惆悵，繼又細細尋找，得一殘果，已有蟲疤，當即摘下，並即食之，久未吃蘋果，連日山行又奇艱，食之自屬滋味百倍，爲之大喜，旋又惆悵，因僅此殘果，實難饜足，返時回顧，不勝留連，因又細觀樹枝，竟不料又於枝頭見一蘋果，便即回到蘋果樹下，並即爬上樹杪，用一木棍取下此果，此果半邊已紅，並較前食殘果爲大，心喜莫名，乃又細細食之，滋味更是無窮，因憶明太祖行軍失路時食柿之事，亂世心情眞是從何說起。又憶前人李無主，此心豈無主之言，爲之慚愧。終又憶兒時食桃事，竟不覺於此又回返兒時，但願世多佳果，人人可食之。

蘋果樹旁，又有一櫻桃樹，並有胡頽子樹多株，但俱無實。

關原住處無水，須穿一草徑，約行半里處，始有一水溝水潺潺流下，其旁猶有山胞草寮，寮旁棄有山羊骨頭，想爲高山獵人所居之處，我們因取水方便之故，遂留二伙夫宿此煮飯，飯熟後大家來此就食。

夜來明月昇於山頭，同學們與山胞們俱住茅屋內，我與數先生乃改宿帳篷，山胞們舉火於帳篷之側，一面烤火，一面唱歌，我睡夢中猶聞其歌聲，其歌聲所流露之情，確是一種高山之情，此情單純而飄忽，復儘有其悲苦，聽來雖不是令人哀以思，或是如泣如訴，但亦大有其另一種意味，高山人終處於不自覺中，又復無人能覺之。說他們是渾沌，他們又像是清明，他們的身體結實，他們又儘有其精神的強度，連夜奇寒，替我們背行李的和作嚮導的山胞，都沒有擁被而臥，只是燒火取暖，唱歌取樂，到極度困乏時，方在火邊蹲著小睡片刻，一天亮又是大家一同起身，一同爬山，一同行走，初看他們舉的火，分明是野火，初聽他們的歌，會像是原始人的歌，實則野火中終像燃燒著聖火，而所謂原始人的歌，卻儘多高山流水之意，所以說是渾沌，又是清明。今日途中，他們於一水泉旁見到鹿的足跡，那是野鹿在那裏飲著泉水時留下的足跡，他們一見之下，就十分欣喜，馬上在那水泉旁四處察看，他們是想有所發現，他們是像有所發現，而自我看來，他們是終將有所發現，說他們是原人，是大大的不對，說他們是獵人，也只能有幾分相像，而說他們是二十世紀的新人，卻十分確切，他們的聲音是新的，他們的姿態也全是新的，可是他們的一種新的心情，卻總難表達。沉思至此，我們眞是太陳舊了，我們這一世代的人們眞是太陳舊了，而一些自命爲科學化的人們，更是太陳腐了。

這一次，我們從梨山出發，原打算僱用二十四名挑夫，但結果只有四名，何巡官爲僱挑夫事，忙於奔走，他對我們說：入山以來最忙苦的有兩件事，一件是那裏的火燒山，忙於發動山胞救火，另一件事則是這次爲我們僱挑夫，他這話原只表明他爲我們如何效勞，但自我聽來實無異是給我們到來山地的人的一大諷嘲。我們都是以所謂文明人和所謂現代人的身份入山，我們都忘了自己是太陳腐了，太無能了，我們的身體，未能有其應有的結實，我們的精神，也未能有其應有的強度，然則我們又眞的會有什麼呢？我們這一次行走，唯一的希望是天不要下雨，更不要有颱風，而我們這次唯一的幸運，也眞的是直到此際，天竟沒有下雨，又沒有吹來颱風，我們這批人，畢竟還只能靠天，當我們爬上斷崖時，一草一木都給予我們以援手，要不然我們都說不定一失手，一失足，就要墮於崖下，而粉骨碎身，就此而論，這裏的一草一木都眞的成了我們的救星，我們會不知道那草是什麼草，我們會不知道那木是什麼木，我們會不知救我們性命者的名字，我們是何等悲哀，其實我們就說這些救助者都名叫上帝，又有何不可，以此而言，這次給我們背行李的山胞們，不也確確實實是對我們幫助不少了嗎？他們中夜舉著火，他們背著的行李一放下肩就唱著歌，這對我們會是怎樣的一種象徵，這對我們又會是如何的一種啓示呢？

七月十一日 星期四

關原居於萬山之中，我清晨起來時，卻看見山頭都昇起了雲霧，草叢中的露水，則似夜來下了一陣雨，實則中夜月明如水，清光並透入帳篷之中。

我們去到那有水處吃了早飯，匆匆的我們踏上了今日的旅程。今日預備到達的地方是畢祿，我們由關原向畢祿而行時，起初還是在茅草中進進出出，路簡直是被茅草所掩，而茅草之上更滿是清露，以致我們的衣履全濕。

今日大部分的路程，是在懸崖邊行走，有斷崖兩處行來至為不易，學生沈君在第一個斷崖處走了一會兒，就不敢行走了，我原是先就走過了那個斷崖，一見他不敢走就轉身而回。走到那裏，先把他背的東西取下來，替他拿著，又以手牽著他的手，在他前面緩緩拉著他走，他是緊張極了。我一邊對他說不要怕，一邊教導他如何走，終於我們都平安地走過了第一個斷崖。有個同伴勸我不可如此冒險，但我心細想：我不給他援手又待哪人呢？

接著又是過第二個斷崖，我仍是那麼牽著那位同學在那斷崖上行走，這時他的膽子似乎略微大了一點。他過了斷崖時連聲對我說謝謝，我未發一言，但我心因此卻頗欣然。在渡過斷崖時，我回頭一看，也覺得那兩個斷崖，確是十分驚險，我們給那斷崖拍了照。

過了斷崖不久以後，又爬上了一個懸崖，這懸崖很高，是一條臨時的小路，須打從那裡過，原來的路是塌了。路塌是由於山崩，於是原路便不能再走，必須爬上懸崖，繞道而行，爬此懸崖時，有的地方是絕壁，須爬上臨時搭就的木梯，始能上去，木梯爬登之難，其實是更難於過那斷崖，大家膽震心驚，惟我仍是從容登上，我想這也是得力於學，學問必須於情性與情志上著眼，始能於生活與行動上生效，心能不怕而安，就是一效，通常知識之學，實於此難有裨補。

在關原至畢祿途中有些古松古檜，也極奇麗。在行走於一大山之麓時，眼看陽水對面之山，更是聳然。在對面高峰之一斜坡上，據云原有不少山胞居住，惟在日據時代，即被強迫他徙，今則全是一叢竹子，但猶不失為一好所在。

到達畢祿為時頗早，那還是正午，但由此再進，亦有所不能，所以只好留下，畢祿也有幾間茅屋，但無人烟。情形頗有類於關原。

我們到了畢祿，即用午膳，午膳後大家都去茅屋中睡了，我獨自先到水邊，洗臉擦身，更洗衣洗足。水是澗水，此澗至小，其流亦細，惟高山中得見此水，亦至不易，有山處能有水，有水處又能有山，此即天地間之化境，人至其間，心喜無量。

畢祿也是在萬山之中，可是到吃晚飯時，卻不見了萬山，而只見雲霧，我們衷心希望有大霧，就應該沒有大雨。

今日過懸崖爬木梯時，蔡君失落昨日所採之兩個小蘋果，此乃做標本用的，原爲此行之一收穫，竟不料失落於絕壁處，因益悔一己之食蘋果。

夜來到了畢祿，終於月從雲霧中掙扎而出，山也從雲霧中掙扎而出，明天當又是晴天。

當山和月從雲霧中出現時，山是格外青，月是分外明，我獨自在畢祿的一角，靜靜的觀望，我馳思於雲昇起處，又馳思於霧引退時，我不免慘然，幸見月白，又見山青，遂未淚落，念茲人世，竟似與我全不相關，但又畢竟不能忘卻。

中夜我從帳篷爬出，起看山容，兼觀月色，此際月正圓，而山益好，上天下地更絕無一點聲息，寒風吹來，不覺懍然，人在深山，諸方未隔。

七月十二日 星期五

今日的行程是由畢祿至古白楊，關原有幾間茅屋，在我們未去前，寂無一人，畢祿也有幾間茅屋，在我們來到時，也寂無一人，我們此次由梨山出發，山行四日，越高山，爬峻嶺，也不知道走了多少路，在路上一人未見，祇見空寮，空寮亦似足爲山川增色，因此之故，人間之思，日甚一日。

大家急急從畢祿出發，向古白楊而行，據云古白楊那裡，已有三家山胞。我們一路之上，仍是從茅草中進進出出，我有一次又是失足踏入崖下，幸好手握茅根，遂終被茅根救起，我又有一次膝蓋碰著巨石，稍微出了一點血，奇痛不堪，惟仍須忍痛而行。

在畢祿至古白楊途中，斷崖也有好幾處，但大家都平安過了。

在畢祿至古白楊途中，還有幾處天梯，須得爬登，這似乎比斷崖更險，另有二處獨木橋，一不小心，就會滑下去，而一滑下去，即不堪想像，但我們大家也都平安過去了。

有一座獨木橋，確不易過，我獨自先行過去之後，用一根小樹，一頭擱在崖邊，一頭用兩手握著，作成了這個獨木橋的臨時欄杆，讓大家一個一個地手扶著過，於是大家都平安過去了。

在畢祿至古白楊的途中，我們還過了兩座吊橋，都是不易行走的，最後過的一座吊橋，已是離古白楊很近了，大家都遠遠的望到古白楊。

又在畢祿至古白楊的途中，我看到了一些山胡桃，山芙蓉，月桃，野芋，蕨薇和秋海棠，野石竹等，另外我們還採集了一些青蘭和山百合。

在未到畢祿之前，我們還在合歡附近看見李和桃，在天池旁看見野薔薇和杜鵑石楠等，在關原除看到三株蘋果和櫻桃胡頹子以外，我想山胡桃和山枇杷等也是有的，所有這些園藝上的資源，在深山中遇見，都是有如遇見故人，令人心喜，慰我寂寥。

古白楊還存在了一座破爛不堪的派出所，有兩位橫貫公路測量隊的人員住在那裏，我們一行人到達古白楊後，也就合起來住在那裡，測量隊的陳先生是四川人，對我們很是客氣。

我們到達古白楊的時候是下午三時，古白楊的三家山胞住處，距離前派出所的房屋還有一些路，那是在山谷裡，他們種了桃樹和李樹，也栽了香蕉又栽了南瓜等。

古白楊的高度是一千四百餘公尺，這較畢祿已是低了七百公尺左右，而較之關原則低了一千一百公尺上下，我從高約三千公尺之合歡山起，算是步步而下，因此氣溫也就越來越高了，此行所遇到的最好房屋，是古白楊的破派出所，當我們由畢祿初抵古白楊，進入破派出所，眞有如進入皇宮，測量隊裡的人還借了一張行軍床給我睡。入山以後，這是第一次睡在床上，其樂可知。

古白楊的飲水極不便，因此我們漱口洗臉等用水，都煞費思量，說到洗身洗足，就更不易了。晚飯時吃山胞在途中所採之蕨薇，其味甚佳，入山以後，任憑吃什麼都覺得滋味百倍，在臺中曾帶來了一些大餅，途中被水沖濕，旋又晒乾，擱置多日，此際食之，亦有奇味。

古白楊之夜，未見明月東上，但亦無雲霧飛來，雲霧在古白楊對面的山頭密佈，竟不向古白楊而來，這使古白楊之夜，更顯得淒清。

據古白楊居住的人說，自古白楊至大北投有一處斷崖極險，時時有石塊落下，每次只能兩人走，並須急行，爲之心憂。

七月十三日 星期六

清晨起來，即去深澗中洗臉，澗水只絲來大，細細流下。

七時半向大北投而行，今日的行程，原是由古白楊至大北投，但以後又展至合流附近之水文站，下午三時半方到。

一離開古白楊，才行數百步時，即走下昨晚取水之深澗，再由此爬上，行約二十分鐘，即到一大斷崖處。在出發前，我曾囑付一位怕過斷崖的同學，要他隨我走第一線，但等我走到斷崖回頭一看時，卻不是他，而是另一位同學，於是我又只得再等候他趕上前來。當他趕上以後，我又要把他背上的行李包，取下來給我背，我走在前，他緊隨在後，但他實在趕不上。斷崖上時有石塊從上落下，不能久停，我有時拉著他的手走。這斷崖很寬，約有五百公尺，我們在那大斷崖上，走上走下，又左彎右轉，終於走到那斷崖盡頭，只是在大斷崖的盡頭，又是一大絕壁，須登一個很高又很陡的木製天梯，始能上去，天梯右側，放置行竿連就的欄杆，這欄杆搖搖欲墜。我走到那天梯下，有兩山胞先已走到，他們看見我替學生背著很重的行李包，又見我的鬍子已長得相當長，總以爲我老了，便堅決要替我背那行李上天梯，我也堅決拒絕了他們，我不以爲我是老了，我自以爲我一定可以背那重行李，上那極不易爬的天梯，這時我眞是所謂氣魄承當，我不顧一切，爬上天梯。但當我爬上天梯的第一級時，兩位山胞中，有一位拉著我的手，另一位則從我背上取下那重行李包，這才讓我一直爬上那天梯。我一步一步上天梯，我手也沒有扶著那危欄，我背上的重行李既然取下了，我是輕鬆多了，但上到太高時，望下一望，仍不免心上有一點動，到此地步，談不動心，眞是不易。

我爬到天梯的最上端，接著又爬上一巨崖，我坐在那裡等著一個一個從天梯爬上來，我又站在那裡將上了天梯的人們，一個一個拉上那崖石上，隨後大家又繼續前行。可是仍得繼續向上爬登那大斷崖的另一角，這大斷崖的另一角，也設置了用竹竿作著的危欄，大家扶著危欄，往那斷崖上爬，只是我還是沒有扶著危欄，就向上爬，我一心想著，平生的學問，就應該拿到這裡來用，其時我在那裏碰到了另一位山胞背著一大袋米迎面而來，他彎著腰走下那大斷崖的另一角，又走下那大斷崖的天梯。終於急急地又安祥地走過了那大斷崖。因此，我就不得不深深感覺著，人類的知識所能解決著的人類的問題，會實在有限，而人類應有的學問，也畢竟是應該別有所在。

大斷崖過了之後，又千迴百轉地在懸崖旁行走，懸崖之下，是一水流至急的溪流，水聲有時駭人，其流幾處處成瀑。

大斷崖過了之後，有時也進進出出地在草叢中行走，只是由古白楊向大北投而行的途中，茅草已遠較由關原而行時爲疏，算是好走多了。

在古白楊至大北投之途中，吊橋也過了兩座，只是這兩座吊橋，已輕由畢祿至古白楊途中的兩座吊橋，難走遠甚。那第一次過的吊橋叫做鶯橋，兩頭都已壞了，沒有木板，只有幾根木條，且已腐爛，橋下是急流，甚聲頗慘。第二次所過之吊橋，叫做瀨音橋，是懸在一絕壁之上，下面並無溪水，而只是一萬丈深谷，橋身雖較短，但亦不易行走。

我過第一個吊橋時，雖仍安祥，惟因走得太快，竟頭觸鋼絲作痛，這鋼絲是緊繫著吊橋的，我過了吊橋才碰著它，這是疏忽，但多少也有些因爲一己善過吊橋，而不免有點「氣魄承當」所致。到過第二個吊橋時，我從容行走，在橋上頗領略了一些風光，遂頗有所得，一切都以安祥爲貴，人總要安祥，世界也總要安祥，由此看來，目前世界所誇躍的進步和速率，又算得什麼呢？

在距離古白楊頗遠而快到大北投時，見到了幾個山胞墾區，在墾區中更見到了幾個工寮，又看到了一位山胞在遠遠的山頭工作，在工寮旁邊還看到了一些香蕉，這算是我離開了梨山以後、入山以來，第一次眞正看到了人間。在合歡溪旁，絕無人烟，在天地之畔，更無人烟，在關原雖是有一個派出所的遺址，但是荒涼不堪，在畢祿原也有一個派出所，但而今已片瓦無存。在古白楊雖仍存在著一個破敗不堪的派出所，但看來畢竟是一樣荒涼，在那裏留居的測量隊的人們，都是大陸來的流亡之人，雖說古白楊的最下方有兩家山胞居住，但終未見踪影，至於墾區至畢祿中途對面的山頭，據嚮導說：那裏原來也有一個部落，四週本是墾區，但在日據時代，部落就已遷往太魯閣，墾區今則長滿了竹子和其他的樹木。又在畢祿至古白楊的途中，我也曾看見不少的赤楊，由赤楊的成林，我知道那一帶的墾區已廢棄甚久，人更不知走到何方。由此而益益思念人間，當我一看那靠近古白楊的地方，有墾區並有墾戶時，那眞是不由人不心焉欣喜。由此而細細體味著人類的最單純的人間愛，這眞是再寶貴也沒有的。

當入山之人，見了一個墾區和在墾區裡見了一位墾人而油然興起著一種人間愛，不久之後，忽然在山頭遠遠望見一個新興的村落時，其心歡喜，自更百倍。這一新興的村落，全是茅屋，可是有的屋頂上也有一些鋁片，這反映著陽光，極爲耀眼。茅屋一排一排，很整齊，我問嚮導，方知那就是大北投，我再問他人，更了知那裏住的都是退役軍人。那些退役軍人，自然都是大陸方面來的人，他們百戰之餘，在此深山，爲的是要開築這一方面的橫貫公路。橫貫公路現分四處開工，一處是梨山工程處，那是主持谷關，達見佳陽，梨山經合歡溪繞天池，至關原一段，一處是宜蘭工程處，那是主持自環山有勝鞍部，埤仔南，四季留茂安，土場，崙埤仔至宜蘭的一段，一處是霧社工程處，那其實是一個分處，屬於梨山工程處，主持橫貫公路之一支線，即自霧社，見晴，立鷹，合歡埡口至關原之一支線，還有一處，便是這裡的太魯閣工程處，主持自關原，畢祿，古白楊，大北投，合流，溪畔至太魯閣的一段，這一段中的合流和合歡溪畔的合流是兩個地方，同一個名字，目前合歡溪畔的合流，常被稱爲合歡溪畔，只山胞們還說那合歡溪畔是合流。

現在大北投住的退役軍人是被編成榮建第一總隊，因此那大北投的興新村落，亦可說是營建第一新村，在這一新村中，有福利社，有供應處，還有理髮店等，我們進入了大北投以後，就在那理髮店裡休息一來，那理髮店的理髮師是一位雲南人，當時坐在那裏理髮的是一位四川退役軍人，他們看到我也是大陸來的就格外親切。

我們大家在那理髮店裡吃了自己帶去的「便當」，那理髮師在旁爲我們講說著這裡築路的故事，據他說：築這一段橫貫公路的退役軍人，以土方計算待遇，通常是每天五十元，多的每天可以有一百五十元，那是開鑿那懸崖絕壁的人，須爬上一條很長很陡的天梯上懸崖，在絕壁上先開一孔，再放炸藥，隨後跑去遠遠，引火炸開石壁，他們膽子極大，他們極有信心，他們說在火線前都沒有犧牲，難道還會在這裏送命嗎？可是話雖如此，他們在如此危崖工作受傷致命的也大有人在，據說直到目前爲止，已死了幾十個人了，就在今日，還有兩人受傷，當他們受傷或受傷致命時，他們都先被抬入那理髮店隔壁的一個山洞內，隨後送去太魯閣，再送去花蓮。受傷的繼續醫治，送了命的，要經過很多手續，才能在花蓮附近埋葬。

有人問理髮師，在那放置死人的石洞旁住著是否有點怕？那理髮師說完全不怕，可是我們之中有的人一到大北投時，因太陽晒得利害，便躲進那石洞內乘涼，有的還在那裏午睡，後來經那理髮師這樣一說，都個個恐懼起來了。那理髮師說：活人還爲什麼要怕死人呢？可是偏偏這世界上的活人，常常害怕著死人。

大北投新興村落之下，有一大溪水，急急流過，大家在那裏洗臉洗身，並戲著溪水。溪上有一臨時搭就的木橋，走上去，是與水波相上下，而且左搖右擺。給我們背行李的山胞們一到大北投，就在那福利社喝起酒來，一位喝得有點醉，當我們因爲大北投無處可住須繼續前行時，他跟了上來，過著那一危橋，竟不妨身子一倒，把衣服等都失落了一些在水中，衣服還被拉起，可是其他的東西，卻被水沖去了。

由那危橋前行，經過一處，正炸石壁，我們急急過去後，就爬上高山繞道而行，爬了很久爬上山頭，又一直走下山頭，一路櫻花樹很不少，野生紫薇也有一些，我們曾休息了很多次，在一次休息的時候，我因為手杖失落在那大北投的理髮店內，想另砍樹枝作一手杖，這時候一位隨我來的山胞在旁，就馬上把他自己用的手杖送給我，我不肯受，他卻堅決要送，山地裡的人情味，眞是隨時隨地顯現著，終於我也只好領下了這一人情。

山頭盡處，我們看見了一些房屋，還看見一棟大屋旁，立著旗竿，飄揚著一面國旗，房屋不消說也大都是茅草蓋的，但屋頂上很多都加蓋了鋁片，另外也有一棟木屋，還有一座圓形的鋁屋，木屋據說是招待所，鋁屋據說是水文站，我們下山下到一間路旁的茅屋坐下來，又遇到幾位大陸來的退役軍人，他們問我何處去？我說要去下面的合流投宿，他們阻止了我們，說合流不能投宿，不如就宿在這裡，他們告訴我們說這裡叫做水文站，距離下面的合流還有一個小時，他們告訴我們這水文站還有工務段，又有一個招待所，可以問那段長交涉借宿一下，於是我便要大家留下來，暫不繼續前進，我終於借到了招待所，我們進去，眞有如進入天堂，這較之我們在天池所住的半截草寮，自然會像是天堂，我們決在此停留幾天，打算明天調查這水文站附近，後天調查西寶和洛韶兩個山胞住處，大後天再繼續前進，留宿溪畔。招待所的管理員對我們很客氣，他告訴我們這水文站叫做多米達水文站。

傍晚大家在溪邊洗足，洗身，溪流極急，水量亦宏，水聲尤大，對面的青山挺立千仞，還有小股水直流而下，這溪水名叫多米達溪，是下面的太魯閣發電廠的水源，所以這裏便設置了一個水文站，名叫多米達水文站。據說下面還有一個水文站，溪旁白石嶙嶙，我曾在那巨石上停立多時，又從這一巨石跳至另一巨石上，我等大家從溪邊回來以後，才前往溪邊，因此等我由溪邊回來時，已是夜色低垂了。

太魯閣工程處的開路工作，正進展至這一帶，因此由大北投至多米達水文站全是爆炸和山崩之聲，傍晚爆炸之聲停了之後，遠遠抬來了一死一傷的開山築路之人，血一滴一滴地滴在路上，那死的是爆炸時被石塊打破了頭，因此無救。至於傷的能否救活，目前還不得而知，以前開闢蘇花公路，曾死了千餘人，眞不卜這一艱巨的橫貫公路，要死傷多少，戰爭是血肉的銷毀，建設，也是血肉的銷耗。

我們既是在多米達水文站要暫時停下來，所以晚間便把給我們挑行李和做嚮導的山胞們所應得的錢算清了，並且全數交給了他們，他們一共五人，得到了所應得的錢以後，便連夜向我告辭了。我不允許他們夜行，覺得懸崖邊黑夜行走，過於危險，而且傍晚我們還獲得了一個消息，說那懸崖之上，已經有了一個行人墜落水中，不知去向，這如何還能夜行？但五位山胞中有二位山胞堅決要走，其他三位則說要走就大家一齊走，好有個照應，我便去阻止那兩位堅決要走的山胞，終於他們無法阻止，任憑如何勸說，也是枉然，隨後另外三位也一同堅決要去，我們都無可如何，有兩位山胞一位名叫吳傳達，一位名叫林達士，跑來要我的通訊處，又將他們的通訊處給我，更向我道謝告別。我們因爲他們堅決要連夜去太魯閣，繞道羅東，趕回梨山，我們便送給他們一個手電，我再三囑咐他們要慢慢走，小心行，並要少喝酒，而他們卻只是快快活活地走了。他們一踏上了行程，就唱著山歌。他們走到招待所對面的山頭，還用我們送給他們的手電遠遠地照射著我佇望他們的地方。他們是走了。他們是黑夜裡走了。他們在黑夜裡急走於懸崖之上，他們是夜行人，他們是山行人，他們眞個是山崖水滸好漢子。他們一會兒在山之崖，他們一會兒在水之滸，他們要走就走，他們像是一縷烟，他們又像是一頭鹿，他們像是一縷飄忽的狼烟，他們像是一頭健捷的野鹿。他們走了，我像是若有所失。我十分擔心，但這擔心我也明知是十分多餘的。大家都對我說：他們都是慣於懸崖夜走的人。我細細思來，他們也都是有福的人，他們也都是全新的人。但當我再深深想著人世的種種樣相和凡百事體時，我便沉沉欲睡了。

臨睡時，我憶起在大北投時所聞知的一條巨蟒，據說當爆炸山崖時，曾炸毀了一個山洞，山洞裏出來一條巨蟒，身大如牛，其長可知，大家見了有的主張用槍打死，有的主張對他燃香，議論未定，巨蟒他行了。

七月十四日 星期日 晴

我的褲子破了，我用了藥用的橡皮膠補起來，我的斗笠破了，我也用藥用的橡皮膠補起來，於是大家便很有些人倣照我用橡皮膠補褲補笠。

招待所的管理員說可借到剃鬚片，讓我剃鬚，我笑答道，我要從此留鬚。在山中一個人是不會想到剃鬚的事，也不能想到剃鬚的事，也不應想到剃鬚的事，否則便終是「漂亮」用事，或是世情未忘。

我因於在梨山失落了牙刷牙膏，遂至今未曾刷牙，但我亦有洗牙妙法。我今日一早起身，跑去多米達溪畔，我把我的義齒取下，去洗得乾乾淨淨，我又用手指把滿口牙齒刮得乾乾淨淨，我不用牙膏，我只引用一溪的水。我嗽口洗齒，洗臉洗身之後，又接著洗衣，我獨自在那裏，又運用了一溪的水。我這才走回了寓所，我看見大家還有的沒有起身。一些年青人的大病，總是懶散，總是貪眠，我在一群青年中，就很少看到神志清明而又氣度安閒的寧靜的人，他們似乎大都是小慧，大都是小樣，並且大都是像希望著小有所獲、小有所成和小有所就。我以此而思及我民族之衰，復以此而思及世人們的軟弱，終以此而思及剛強。

上午我招集了一個調查隊全體會議，我對他們說：這一隊算是最精彩，又最幸運，三年來的調查工作，自然以這一次最艱難，但到此際，一切的艱難是過了，最幸運的是我們這一次沒有遇到雨，也沒有一人出毛病，這眞要謝天謝地。

會後我頓然發現了我的義齒失落，我想起了那是失落在多米達溪畔，於是我便急急跑去今晨以溪水洗齒之處，我竟拾回了我的義齒。

下午我們在多米達水文站附近調查了一會，又拾來了一些柴，作煮飯之用。

從太魯閣來的人說他看見一位山胞幾乎墜崖，幸被另一山胞拉起，昨晚回去的五位山胞據說是平安了，他們沒有出事，如果出了事，當然不會沒有消息，只不過我心至此，還為之懸懸。

這幾天早晚我都去到多米達溪畔，聽溪聲有如潮聲，總是不忍離去。溪旁之石，亦至有趣，巨石被溪水沖激，成紋煞是好看。今晚我特地叫一位同學，伴我去那多米達溪畔，我初立在溪畔一個帶黑色而有紋的巨石上，背著溪水，照了一張照片，隨後又站立在一個白色的巨石上照了一張照片，兩石皆高約二丈餘，人立其上，看溪水東流，實同大江東去。

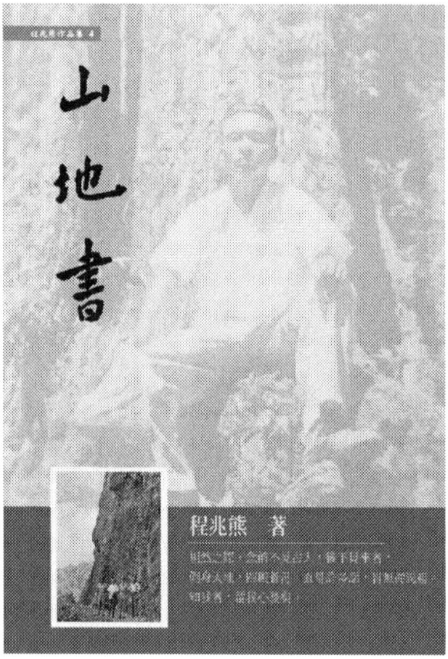

七月十五日 星期一 天晴 傍晚雨

赴高山族一個名叫西寶的部落去調查，往返凡七小時。

晨八時出發，先是爬登一山，至山頭後，又直下至多米達溪畔，惟在此一段多米達溪畔者，已不是所居之水文站，而又是上次所過的大北投。我們由水文站回至大北投，重爬了峻嶺，又再過了那一危橋，還行經那曾一度休息的理髮店，和那理髮店旁放置傷亡的築路軍人的岩洞。

我們由那岩洞斜行而上，至從前大北投派出所的遺址，其旁有一茅屋是一茶館，茶館旁有兩條路，我們問茶館裏人，說是要向左邊行，而另一婦人卻告訴我們要走右旁的路，各持一說，於是我們一行便分了兩路而行，終又會合著，隨後走到橫貫公路正在開工處，那是在一大懸崖之上，大懸崖橫被炸毀，我們須得在那炸毀之處行走，全都是流滑的碎石，其下是深谷，谷底又是急流，十分險峻。還有一段是絕壁，絕壁之上，高高懸上一塊窄的木板，這也得行經其上，我首先行走過了懸崖又過了木板以後，又是一個開工處。那是一座土山，但土中全是巨崖，炸毀之後，有碎石，更有碎土，行走其上，尤屬不易，而其下又是深谷，又是急流，加之還有一處崖石突出，擋住去路，人行其上須是後仰，而一手拉住草根，方能過去，其驚險更是難言，但我們一行，除了三位請假未能隨行之外，其餘人都安然越過了。

我們越過了懸崖，隨又繼續前行，不久便到了一個名叫溫泉的所在，那溫泉是在那深谷裡的溪水中，是一個深水溫泉，以前日據時代，在溫泉也設置了一個派出所，可是目前已是片瓦無存，而只有一個廢址。現在橫貫公路的測量隊利用了那一廢址，全用竹子蓋了一所房子作辦公處，我們在那裡休息了一會，遇見一位安徽人，他因爲我也是大陸來人，便很是客氣，他給我們的水壺灌了一些開水，這使我們十分稱快，天氣在大北投和水文站一帶已是很熱了，大北投的高度只五百餘公尺，而水文站，則只四百餘公尺，因此氣溫便高了，山自然也低了，天氣熱時爬山爬得汗流如水，喝水也因之特別多，我們到溫泉時，一壺水就差不多一路之上被喝光了，這時候有人給我們加上水，這是如何的一種快舉。

離開溫泉之後，又繼續爬山，爬了四十幾分鐘，方至一個名叫西寶的高山部落中。

這西寶部落，只有八家人，而且一家住一個地方，分住得很散。

我們走到西寶部落中的第一家的人家時，沒有遇到一個人，所有的人是出去墾區工作了，只不過這人家雖空無一人，但門戶仍是洞開著，有一圍籬，沿籬更有一列桃樹，看去眞是悅目適心，我們由桃樹下進入這高山人的家門，又從桃樹下離開這高人山的院落，我心沉思：我家門前要到何時才能有一行桃樹？凡是有桃有李的地方，春天總是凸顯的，由此而四季分明，人生亦復有著，因此一提到桃樹，就連桃葉桃根，都足以動人，若再加以杏花和微雨，則任是天涯地角，也終會是又似江南了。

我們由第一家高山人家，到第二家高山人家時，經過了一大段滿是小米和菜豆的墾地。

在第二家高山人家門前，是一個大的雋人瓜棚，又是一大株結實纍纍的桃樹，我們一到就坐在瓜棚前和那桃樹下，不消說我們大吃了桃子。

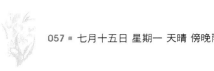

我們在這第二家高山人家家裏，見到一位高山老婦。她臉畫藍紋，穿的衣服破爛得很。我們先向她買了大批桃子，接著我們送給她一些香菸和毛巾，她極爲歡喜，於是我們和她交談了。

她告訴我們說：她們都還沒有辦身份證，她們和他們是由新城一帶搬來西寶，那正是臺灣光復的時候，以前日本人不許她們搬進來。目前她們種了不少的苧麻，四仔苧麻，就可售十五元，看來這裡人家的生活，也還過得去。

我離開這一人家時，我要求這家主婦，就是那老婦人和我合照一張照片，可是她笑道她的衣服太破爛了，照出來不好看，我當即指著我穿的破褲和破襯衫給她看，並說道：我的衣服更破，這是不要緊的，但畢竟她是換了一件新毛衣，黃色的，出來同我拍照，大家都笑著，她更歡喜，她可以說日文。

我們再去到第三家，見了山地男人，他臉上畫的是直的藍紋，這和佳陽梨山一帶的泰耶魯族所畫的相同，這山地男人什麼話也聽不懂，國語臺語日語一概不懂，他只是對我們笑，我們送了一些香菸毛巾以後，又和他拍一張照片。

第四家高山人家也沒有人，第五第六兩家是住在一個更高處，在那裡我們遇見一位男山胞，和山地小女孩都是什麼話也不懂，而我們在送香菸和毛巾之後，又拍了一張照片。

第七第八的西寶人家，是住在又一端，在那裡有一白髮蒼蒼的婦人，藏在屋內，見了我們有點怕出來，她更是一句話也不懂，其狀頗奇特而又頗淒冷，我送她香菸和毛巾，她稍稍笑了一下，當要求和她拍照時，她極不自然，但她畢竟是十分慈祥，她像象徵著什麼，可是我怎樣也說不出來，我只是見了她就想流淚。

訪問了西寶的家家戶戶，我們又從原路而回，據說西寶八家，竟不到二十人，可是那裏的桃子，柿子和其他的果樹，都很不少，那裡的墾區也不小，山光水色，亦是很佳，而其間的一個竹林，尤使人過其下頓生奇想，我眞是想在那裏暫時留下來，但是我不能留下，我繼續前行。

我們回到懸崖，我們回到斷崖，我們回經放置傷亡的石洞，又回經那理髮店，於是再過危橋，再爬峻嶺，這時已是下了一點雨，但不大，我們汗流如水，我們都感疲勞，在半山我們休息了一下。

爬登山頭，再沿峻嶺而下，到了住處，卻不料林先生竟從臺中花蓮太魯閣而來，他是因懼怕著我們在深山中遇險，特來設法援救，據說他還和黃先生商量好。準備於必要時，設法請求空軍派直昇飛機來投食糧。我們一行在深山行走，毫不在乎，而在深山之外的人看來，卻以爲我們是太冒險了，太危險了。

這幾天在此深山之行，本有著強烈的颱風警報。可是這颱風終於轉了方向，吹向菲律賓，而在深山中的我們卻一無所知，全無所悉。這不知不悉，倒使我們自由自在，我們都全未意識到：我們會有什麼危險。

我們爬登三千餘公尺的高山，又背著笨重的行李。可是我們終於走得很輕鬆，走得愉快，並走得涼爽，只是這一日的爬山，未背一點行李，卻走得有點累，走得汗流浹背，並走得不免有點疲勞。我心想：爬山，還是爬登高山好，越是爬登高山，會越顯得精神。這是很可以思量的。

七月十六日 星期二 先雨後晴

昨日傍晚下了雨，昨夜也下了雨，今早又下了雨，都說這是颱風雨，可是不久之後又出太陽了，於是我們決定由多米達水文站前進至合流，那是又一個合流，到了合流，再去溪畔。

我先派了六個同學打前站，因爲怕昨晚的雨崩了山，如行得通，再全部走，這是一個較穩健的打算。

可是同學們不識此意，竟吵著要走，他們怕因颱風之故而久困深山之中，其實這顧慮是多餘的。

颱風是否走了，此際本不可知，只是這時候，颱風畢竟是不會困住我們的，過了一些時候，從太魯閣方面有人來到了多米達，我知道一路之上，已是很好走了，所以就要大家一起走。

我們離開了多米達水文站的招待所，不久之後，又走上了一個懸崖，我們順著多米達溪而行，這多米達溪的兩岸，盡是很陡峭的山峰，溪流千迴百轉，山峰也跟著千迴百轉，溪水急急流，似乎越是接近太平洋便越是急急。看來多米達已是最接近太平洋的水，凡是水，總像是一進入了海，就獲得了歸宿，明人詩云：「到海觀會同，乾坤誰眼碧？」眼看著這多米達是碧的，太平洋也是碧的，觀了會同，就獲得歸宿。

我們一路走著，一路看山看水，好不自在。當我們到了有一水從另一處流入多米達溪，而讓多米達水流更急更大時，人們說那就是合流，在這另一個名叫合流的地方，也有一個派出所的遺址，據說在日據時代，這裡還有一個日本人被高山族人所殺，隨後這日人所設的警所，也就廢置了。

我們路途之上，幾乎時時遇到開山築路的人，他們用鐵鑿子把巨崖鑿成一個一個的洞，隨後放入炸藥。在規定的時間，一起爆炸，從很遠處都可以聽到那隆隆爆炸之聲。當我們住在多米達水文站招待所時，就已時時爲此爆炸聲所擾，現在走至途中，自更是十分提防著，只不過我們離開多米達招待所時是上午十一時半，一直等我們把所有的開山築路工程處，都走過去了，都還沒有碰到那規定爆炸的時間，所以我們走在路上，反而未聞那隆隆聲響。

我們經過了不少的山洞，那都是那些開山築路之人所鑿成的。山洞中很住了一些開山築路者，他們工作疲乏了，就睡在那裏，他們飢餓了，就在那裏燒飯，他們過著十分艱苦而又極爲簡單的生活，他們大都是大陸來的人士。

有好幾處的山崖，眞是生得奇巧，水在那裡像是尋不到出路，山在那裏也像是尋不到出路，只不過水更在那裏急急地流，山更在那裏急急地轉，誰也無法阻擋著，這又怎能說是沒有出路呢？我在這樣的地方頗拍了一些照片，同行的人說這裡頗似大陸的三峽，果眞如此，長江在那裏出了三峽，多米達在這裏又出了三峽了。但長江出了三峽以後，是流入大平原，再流到太平洋，而多米達則是一下子就流入了太平洋，在這裏，卻分明存在著一個極大的區別。

有一處，路是斷了，這須得從一懸崖處，爬下三道天梯，到達一個小溪邊，再踏著溪水中的石塊渡過小溪，又爬上山，才能重新走上了路。當爬下第一道天梯時，一位工人在那第一道天梯的上方崖上滑倒，把不少的石塊推了下來，正從我的身旁溜過，隨後更一直落下，落到第三道天梯的底下，一位同學要爲我照相，竟不料左邊一個石塊飛下來之後，右邊又是一個大石塊落下來，差一點打破了頭，他的生命眞是在呼吸之間，而我的生命，更是在呼吸之間。幸而都沒有出岔子，所以大家也不感覺得怎樣了。

我們到溪畔時，是下午三時半，溪畔是一個地方，已是在立霧溪畔，電力公司為了下面的發電廠，在此設置了一個大濾水工程，這包括水灞，水隧道，水池等等，水壩旁有一座山崖。山崖旁的一個山洞，被用來構成一棟小屋，有一職工程住著，這一職工是高山族，他太太也是高山族，他們夫妻同住於此，已生有一個孩子正在吃乳，還有他的妹妹和妹夫也住此，但此小屋仍有五個床舖空著，我們經過交涉後，就在此借住了，大家擠著，有的同學則睡在小屋前面的一個亭子裡。

我們從多米達水文站招待所來到這溪畔的小屋中，最後還過了一個大吊橋，那是設置在水壩之上的，我們借住的小屋是在水壩的左岸，亦即那吊橋的另一端，這吊橋一帶的風光很是特別，這像是兩個世界的交界處，這吊橋以上是深山大壑裡的極簡單化的世界，可是這吊橋以下，從水泥築的水壩起，世界就不免開始繁複了。

今天我們在路上走，可以說是風調雨順，本來這一帶的天氣，已和前幾天在高高的山頭全不一樣，只走幾步，就是大汗直流，可是今天大家在路上走，當走得很熱的時候，是一陣風，又當走得汗流的時候，來一點雨，這分明是颱風遠颺時的現象，果然當我們和太魯閣通電話的時候，人家就告訴了我們說是颱風警報已經解除了。

在多米達水文站招待所裡派出的六位打前站者，到了溪畔以後，竟一直去太魯閣，據說是他們要去購買今天晚上吃的菜，他們直到傍晚方由太魯閣回來，他們一回就對我們說：中央日報等都登載我們在合歡山上失蹤了，大家都難相信我們每人帶七斤半米，能夠平安越過三千餘公尺的合歡山而到達花蓮。他們又說：花蓮縣政府準備歡宴我們，他們又說記者要訪問我們，果然，直到夜晚十一時，都還有電話紛紛來詢問。

七月十七日 星期三 天晴

昨晚爲報載我們失踪事，特發了一個電報給學校，今早復致函友人云已安抵此間，這眞是多下來的事體，通常總是，一件事在當事人會沒有什麼，而在旁邊的人看來，卻不免覺得嚴重，這一方面是由於世人自擾，但另一方面也是世人關懷之切。於此而能對一切世間相有所悟入，再細細一參古人「深林人不知，明月來相照」之情景，則對人世，熱愛之餘，便亦復淡定了。

上午八時，調查溪畔右邊山頭之五家山胞，這五家山胞，都是泰耶魯族，日前調查西寶時，西寶有八家山胞，也是泰耶魯族，由西寶前去約三小時之洛韶山胞，當亦是同族，一般人都以爲花蓮的山胞都是阿美族，其實太魯閣一帶，並不如此。

我們由溪畔小屋，過了吊橋，右轉沿公路而行，至一水泥橋畔，轉一個彎，爬上山，過一茅屋邊，並過一株大牛奶榕樹之下，再爬上去，有一小斷崖，繼續爬上，便至一大平台名叫布羅亞，在那裏種了不少的花生，又栽了一些果樹，桃李，番石榴，香蕉，橙子，鳳梨等都有，蔬菜也有多種。

在那裏，一家山胞是姓盧的，見一少婦和一在地上爬來爬去的小孩，小孩的父親，據少婦說是從軍去了，盧家少婦是宜蘭縣寒溪的山胞，嫁到太魯閣，而到來此地耕墾的，現在是母子相依為命。第二家山胞，住在盧家上方，養了幾隻豬，家裏有一位青年，是花蓮農校初農畢業的，長得很是清秀，看起來是不像山地人，他姓蔡，有兩個哥哥，三個弟弟，父母俱全，也是家住在太魯閣，而來此耕墾的，他的大哥也是從軍去了，他自己還準備考高農。

第三第四和第五家山胞是住在一起的，他們住得更高，房屋用竹子做成，屋前正晒了一些陸稻，三家之中，有一家也只是有一少婦和一個尚未能行走的小孩，據她說：她的丈夫也從軍去了，她請來了她的妹妹在家家作伴，她的妹妹也有了一個嬰兒，她們在那裏剝花生，並且說要請我們吃花生，她們都能說國語，人頗玲瓏，當我們直說她們是泰耶魯族時，她們笑了一笑，我說她們的小孩是「彌也撒」（泰耶魯語，意思是好），她們都很高興，我想太魯閣，當即是由泰耶魯族而來。相傳花蓮的阿美族以前曾和臺中的泰耶魯族大戰一次，結果戰敗，本來阿美族想進入臺中山地，但不料臺中山地的泰耶魯族，卻一方面越過了南湖大山進入了宜蘭，而另一方面，卻來到了此間，太魯閣或即爲泰耶魯族移居之地的意思。

多米達溪流到了溪畔，因在合流地方與其他的溪水合流，隨後又併了一些小溪，愈加壯大，遂又被稱爲立霧溪，其上有一立霧橋，其下有一立霧發電廠，這已是一條很有名的溪水了。

今天出發調查時，有的人主張大家到花蓮時，要整齊一點，不可顯得太狼狽，我則要大家不可換新衣，仍穿破褲，我不願剃鬍，我愛惜著破褲，我眞留戀著破爛，我深覺破爛裡有單純，單純裡有高明，高明的想著必須簡單的活著，而簡單的活著，也終會高明的想著，當我們踏上合歡山頂，困住在半截破寮中的時候，我們四顧群峰，仰觀天宇，我們的所想，難道就眞的不會更清明一點，更高超了一點嗎？

七月十八日 星期四 天晴

昨天報上又有關於我們的訊息，說我們已照預定的日程，平安到了花蓮，其實我們還是在溪畔，在此深山中，說我們失踪一個星期的，是那些報紙，說我們至為可慮的，又是那些報紙，現在說我們平安的，還是那些報紙，我們在深山中行走，竟不料成了新聞對象，其實，像我們這些人還能構成什麼新聞呢？只因為把我們的行走，看成十分危險，才把我們構成新聞，由此看來，不正常的正是新聞，新聞會有什麼意義呢？大家愛看新聞又會有什麼意義呢？

今天我們又是繼續調查了一天，我們都以為自入深山並越高山以來，到今天總差不多已經順利完成了，卻不料今日又繼續過了一個危橋，越過了兩個絕壁。

我們八時由立霧溪畔的左岸過了吊橋，走上新闢的橫貫公路，進行著調查。調查的目的地是名叫巴格唐的山胞部落，這巴格唐正與布羅亞隔溪對峙著，但比較布羅亞要高約二百公尺，布羅亞的海拔高度約有四百公尺，而立霧溪畔的海拔高度則只有約二百公尺，所以三個地方的高度，正構成了一個倍數。

我們在橫貫公路上向東走了一會，又停了一會，這因碰到那裏又在爆炸岩石。隨後我們繼續前進，越過了昨日爬山爬到布羅亞的處所，再向前行，終於到了一個地址，我由那裏渡過一個危橋，方能再到立霧溪的左岸，由那立霧溪左岸再爬登高山，方是走向巴格唐的途徑。

這裏所說的危橋，其實也是一個吊橋，只不過這個吊橋和我們所曾經走過的那些吊橋，全不一樣，我們所曾經過的那些吊橋，有的當然也是危橋，但任憑如何，不像此橋，此橋全無橋板，只是橫懸著一些小木條，每根小木條相隔約四尺，兩頭用鐵絲懸在兩根鐵纜上，鐵纜從立霧溪的一岸拉向立霧溪的另一岸，像是鬆散地繫著，簡直有點像大馬戲團的高高懸著的繩索，在那裏行走，也就正如大馬戲團裏表演著令人驚叫的驚險鏡頭，即所謂走索。

我首先在那高懸十數丈的小橫木條上行走，兩手緊緊的拉住鐵索，從旁望去，人簡直像懸在半空，我走了大概有一百碼，頗感到有點爲難，我想縱然我一個人過去到那一岸，但其他的人要是過不來，或在危橋的中途不敢再走，甚至手拉不住，腳站不穩，這怎麼辦呢？我這麼一想，我就在那半空中停了一會，這時做嚮導的一位山胞走過來，以爲我害怕，要用手牽我，我不要他牽，其實牽著手反而不好，我叫他先走，他走到很遠的地方我再接著走，他把危橋走得搖來搖去，這使人更不好走，終於我一步一步的渡著危橋，走到中途，心終於有點慌，兩手出汗，但當我一念及所謂「平生學道，何至於此」？我心又重新定下來，我繼續前行，終於我渡過了危橋，走到了立霧溪的彼岸。我當即叫對岸的師生，不要勉強過來，但因危橋太長，大家都無法聽到，我做手勢，他們也不甚了然，我於是寫一字條說不能過者請勿過來，並要做嚮導的山胞送去。結果一行二十五人，只有三位先生和兩位學生隨我之後，渡過了那一危橋，其他的師生們，就在橋的那一端等候著。

我和過了危橋的三位先生、兩位同學，進行著巴格唐的園藝資源調查，不消說，又須得爬山，爬了很久，過到一個斷崖，那崖斷得厲害，山已成絕壁，我們一行六人，外加嚮導，都有點膽震心驚，但終於又渡過去了。

繼續前行，繼續往上爬，卻又遇到一個斷崖，其成絕壁和其驚險處，並不亞於第一個斷崖。大家自更是小心翼翼地爬過去。

終於爬到了一座高山平台地，首先見到了一個竹屋，屋前坐著一位白髮蒼蒼的山胞，正和他的一臉藍紋的老妻工作，身旁還有一個十歲左右的小孩。

老山胞見我們來了，立即起身，當嚮導向他說了幾句話以後，他就對我們笑了，他口中的牙齒，已所剩無幾。

老山胞請我們到他那竹屋裡坐，我們欣然進去了，那是一所全新的竹屋，裡面很是陰涼，我們在渡危橋、爬峻嶺、過絕壁、越斷崖之後進到那裏，眞是好不舒適。

我們詢問著老山胞，方知他是姓徐，只有五十六歲，他的兒子住在更高的一個山嶺上，這時也正好下來了，他的兒子已有三十四歲，據他的這位兒子說：他還有兩個弟弟，那一位十歲左右的小孩是他的弟弟的孩子，而他自己則有兩個女兒，大女兒已經出嫁了。

經我們訪問後，我們知道這名叫巴格唐的高山平台，原曾住著一百多位山胞，房屋很是不少，可是爲了一次山崩，竟壓壞了不少房屋，也壓死了不少人，剩下來的山胞，又因爲那時候大家都沒有生兒子，就更認爲那巴格唐不是好地方，所以大都向秀林鄉公所所在地那一帶搬遷了，終於沒有剩下一家，連日據時代所設置的警所房屋，也蕩然無存了。

現在巴格唐住的三家山胞，除那老山胞一家外，還有他的兒子一家和他兒子的女婿一家。他們原居住在太魯閣，起初是因為打獵而跑來此間，隨後便搭蓋工寮，在此耕墾。

我們在那老山胞家裏坐了好一會，還大吃了他送給我們吃的好黃瓜，他收了我們的禮物，便送了一些黃瓜。他夫婦又和我們合照了相。

隨後我們由老山胞的兒子帶到另一個山頭，那裏也有一個竹屋，竹屋旁邊有一個巨崖，崖上高坐著兩個人，遠遠望見我們來，就招著手，當我們走近竹屋時，方知那兩個人，一位是那老山胞的媳婦，一位是那老山胞的孫女，老山胞的兒子名叫徐火木，過了一會，徐火木的大女婿又從另一個更高的山頭下來了。

徐火木的次女和她的母親坐在那巨崖上，我因不知底細，還曾詢問徐火木的次女姓什麼，竟不料她的回答是姓陳，接著嚮導為我解釋道：她原是姓陳，後來父親死了，母親嫁給徐火木，她便隨著母親來了，她已經在高小畢業，長得很是清秀，又會說國語，又會笑，見了我們常常是笑。她的母親一會兒跑開了，不久攜來了一簍黃瓜，說要送給我們吃，這也是因為我們送了她們一些禮物的原故，我們把這簍黃瓜放在地上，再邀請他們一同照相，臨走時，徐火大的次女默不作聲，竟似若有所感，就她而言，在那樣的山頭上，能夠有一批外面的人跑上來，自然是希奇的，她已小學畢業，她已見過外面的事情，她當不會沒有隨人外出的想頭，她的生活，讓她「在其自己」，她的身世，又像要迫她「離其自己」，她似乎在求助了，可是我們又如何能捎一援手呢？

由此印證看人生的一種悲情，無可如何的會終於無可如何，果眞如此，心情實不免過於沉重，只不過哀樂相生，「正明目而視之，不可得而見」，在悲情中的樂意裡，和樂意裡的悲情中，我們是大可沉思的。

我們由徐火木家再回到老山胞家，又休息了很久，我們在那裡吃便當，又在那裡小睡片刻，只因爲天上忽然來了一片雲，我怕也許會下雨，所以就叫大家下山了。

我們從原路而下，從原路而回，我們下到那兩個絕壁，又回到那一座危橋，當走過一個斷崖時，有一位同來的同學幾乎跌下去，而我過斷崖時，因上面還有一股小水，飛濺而下，也把衣褲弄濕了。

我們再渡到危橋的一端，走了一會，重新會合了那一批未能渡過危橋的同伴，我脫口說道：「請大家吃黃瓜。」這是因爲我們從巴格唐而回，頗帶了一些山胞的禮物，頗帶回了一些黃瓜。

傍晚太魯閣那裡的警所，又打電話到我們住的溪畔小屋，特地詢問我們爲什麼還不出山？並問我們何時出山？我的同行人回答那打電話人道：「我們在此還須得繼續園藝

調查，我們的任務未畢，我們明天還要工作，後天方能出山。」大家為什麼要詢問呢？這當然是因為我們成了新聞。

七月十九日 星期五 天晴

今日調查一個名叫西拉崗的山胞耕墾地區，那是在我們所住的溪畔下方，距離太魯閣已經沒有多少里程了。

我連日害蕁痲疹，一身作癢，很是煩燥，心情爲之不免稍爲惡劣，但自昨日過了危橋與危崖之後，疹子倒反而好了一點，心情也好了一點，今天一早起來，就獨自登山眺望了一會。這溪畔的晨光和夜色，都十分動人，我不料竟在此溪畔，很幸運地又很順利地已留居到了第四日，我在此和山胞男女同住一室，晚上山胞夫婦幾乎是通晚睡在野外，而且睡眠的時間極少，我昨夜一時半起來，猶見一山胞的太太在水邊洗衣服，讓她的孩子一個人睡在房子裡，她的孩子還只有一歲多一點，很是乖好。白天她們戲著孩子，老是「的盧」「的路」的逗著孩子笑，她們的聲音很大，可是孩子卻已似乎習慣，不僅不害怕，而且歡喜。我深以爲那樣大的聲音，會影響孩子的性格，但我也無法爲此山地婦人去解說。連日我細細觀察同住在一起的山地人，他們會儘有他們的聰明，他們會儘有他們的智慧，他們也儘會有著他們的性情，他們眞像是無憂無慮，他們又像是任運而行，他們確實是生活在生活的本身裡，他們沒有離開自己，他們保有生命，他們是有福的。

我們早飯之後，每人又帶了便當出發，仍是一開始就過著溪畔橋，再順著這立霧溪流而下，我們起初走的一段路，又是已開闢好了的一段橫貫公路，走起來好不輕鬆。

走到另一個橋頭，見那裡的橋樑工程，特別地把正在建築中的一座橋樑弄成一條斜線，目的是在繞過一個崖洞，這爲的是那一崖洞有一神像，神像右側有一股水流下，據說這神像極爲山地人所崇拜，所以就堅決要求建築橋樑時，不可妨礙這神像，這便迫得橋樑不照正常的方式建築起來。

我們也都參拜了這一神像，上面有四個大字題作「不動明王」。香爐上也有四字題作「不動天王」，另有一匾題上「神威普照」四字。我問替我們作嚮導的山胞，他就回答說：「有一次大水曾沖走了這神像，可是後來這個神像又歸到原處。」但也有人說：「花蓮境內常常地震。這不動明王或天王就是專管地震的，地震時一切動了起來，這明王或天王則讓一切又歸於不動，歸於平安。」像這些說法，都是很美妙的，而神像旁的一股流水，和四週的一些山色，也都是美妙的，因此，我也覺得建築橋樑，能透過山崖，不動此不動明王或天王是很好的。

我們大家在不動明王或天王處，又轉到立霧溪的左岸，沿橫貫公路順流而下，不久我們便又爬山了。

我們一直爬，爬了好幾百公尺高，便到達了這立霧溪的左岸一大山頭上的又一大平台，這一大平台，約有五十多公頃的面積，據說以前在那裡，耕墾和居住的山胞很多，後來大家差不多都遷往秀林，光復以後，又有一些人重來那裡耕墾，根據我們這一次調查的結果，已經一共有十家了。

在那一大平台上，我們可以望到太平洋，這是從臺灣西部越過合歡山來此臺灣東部時，第一次看到太平洋，在合歡山頭仰望著天空，像望到了一個永恒，在這裡佇望著太平洋，則像望到了一個無限，我這次行行於深山大壑中，也真像接觸著一個永恒和無限。

那一大平台，就是所謂西拉崗。在西拉崗上東住著一家山胞，西住著一家山胞，我們家家訪問時，雖然一共只是訪問了十家，但東跑西跑，所花的時間和所走的路確實都是不少的。

在西拉崗耕墾的山胞們，家家都種了落花生，據說有一家山胞每年可以收獲一萬斤落花生，以每斤三元計算，這價值就很可觀了，只不過當我去問他們時，他們大都說每分地可以收四袋，而種落花生的面積，則每家各有不同，種一甲地的人，就算最多的，他們收獲了落花生以後，接著是種甘藷。隨後又栽小米，差不多都是一年三收。他們目前大家都很過得去。

只不過當我詢問他們還希望種植些什麼時，他們都一致說道：他們是沒有希望了。我聽了這話，爲之愕然，隨後我方知道他們的眞正心情。他們說現在這裡要改作牧場，快要有一百五十頭山羊放進來。他們眞正不希望有山羊來，讓一個很好的墾區被改成牧場。我因此決定出山以後，要爲他們去請求維持原狀，不可讓他們灰心。

有些山胞要請我們吃落花生，我們辭卻了，當我們大部份人下了山以後，而我和幾位師生還留在那裡時，終於有山胞請我們吃了他們正煮著的雜糧，這包括了一些玉米，苡米和豆子等，煮成一大鍋。又有山胞拿了一些桃子送給我們吃，最後還送了我們一個西瓜給我們吃。西瓜雖然還未如何成熟，但是糖分很不少，吃起來頗有味，桃子也有味，玉米，苡米和豆子等合煮的山地飯，也有味，這再加上一些山地的人情味，自然更有味。我們這一次對西拉崗的山地同胞，也家家送了一些禮物，這使他們自然也感到溫暖。直到下午，我們一小部份人，方接著下了山，從原路而回。

兩臂已被太陽晒得脫皮，臉更黑了，昨日有人去太魯閣，我托他購來了一個牙刷，這使我又開始刷牙了。自從在梨山失落牙刷後，直到此時，方有牙刷，人在深山中，失落了的要復得著，是多麼不易啊！

在西拉崗的歸途中，我遇見了一條四腳蛇，肚皮有黃斑點，頭與尾都是灰色的，這四腳蛇見了我就在路旁一個崖石上，久久不動，我亦因之久久凝視著這四腳蛇，有點看得出神，卻不料走在我後面的同行人，竟是一手杖狠狠地打下來，把這四腳蛇活活地打死，我心慘然，我深覺我要是不佇立凝視著這美麗的小動物，後面的人也就不會看見，以致動著殺機了，我雖不殺伯仁，伯仁卻由我而死。

晚上我在山頭一個吊橋上躑躅多時，這吊橋是由我所居的溪畔小屋，爬上山，再越過一條小溪，通向蓄水池去的吊橋。橋被懸得很高，在那裡可以望得很遠，在深山中，所有的暮色竟都像一起落到這吊橋上，這使我沉思，又使我玄想，最後我更遙遙想念到我留在大陸上的高堂老母，我不覺淚流。

七月二日 星期六 天晴

今日我要出山了，我打算上午開一個檢討會，下午三時出發，臨行之際，對深山大壑，對立霧溪畔，更是有點依依難捨，此行自將在一生中，不能遺忘。

昨晚臨睡時，同住的山胞給了我一片山羊肉，我細細食之，這山羊肉是適纔烤熟的。附近的山胞今天行獵，打到了一隻山羊，於是就分了一部分山羊肉送給和我們同住的山胞。在山地裏，凡是有所獵獲，必須分送給同族，這是山胞的禮俗，也是山胞打獵的規矩。我們因為和山胞同住在一起，所以也就連帶分享了一些山中的野味了。

昨夜半，睡矇朧中，臥床搖擺，醒來方知是地震，同住的山胞有點害怕，說是山上的大石塊，說不定會被震得滾下來，在以前的地震時，就曾經滾下了大石頭，壓壞了他們的廚房。只不過我還是睡我的，日間爬山爬疲了，所以就是地震，也只是想睡，在睡眠中，終於一切無事了，地震也平息了，清晨我睜開了兩眼，世界沒有變樣。我們大家戲談著：昨夜的地震可能是由於我們無形之中或無意之下，得罪了由溪畔小屋至西拉崗途中的不動明王。

上午九時開全隊工作會議，我對大家說：馬上就要出山了，在深山中的工作，現在可算是告一段落，自出發到現在是十六日。這十六日的行程，對每個人的一生都是可以大大地紀念的，以後回想，其意義亦會是無窮的。我要大家發表一些感想，於是每一個人都說了一點，在大家述說著一己的感想時，學生隊長卻與一先生談話，我便責罵著他，我的肝火，也確實是大旺了。

會將開畢時，此間橫貫公路工程處胡處長由太魯閣上來，特地拜訪著我們，他說廣播電台又在廣播著我們自十五日起就不知下落了，他對我們調查隊的精神贊揚了一番，他說他是身歷其境的人，就他的觀點而言，又感覺到我們的走法，是太過冒險，他說山上幾乎沒有一天不下雨，他每次上山，都遇到了雨，而我們卻一路遇天晴，眞是幸運。他和我們合拍了一張照片，大家很是愉快，他也是慣於在山地行走的人，他看到我的鬍鬚已很長了，而所穿衣褲更是破爛不堪，他似乎以爲我很老了，我只是笑笑而已。

同住的一位山胞自述他的身世，他說他十二歲就死了父親，現在幾位弟弟都在外面作事，大家都拿錢回家共同奉養著一位老母，目前老母因爲生活得舒適，已經是胖起來了。他說父母總應該要好好奉養著。在他的言語裡，實實在在表白了他的一片孝心，禮義在山地裡充塞著，對目前的世界和目前的所謂文明，會眞是一大諷嘲，又會眞是一面鏡子。

我們出山時，都感激胡處長竟爲我們準備了汽車，我們只要行路到白沙橋邊，就可以搭上車子，白沙橋距離昨天所路過的不動明王神洞處，只有一點路，我們出山比較在山時，眞是更加順利了。

這一帶山地的人，把爲害農作物的蝸牛砍碎飼養鴨子，飼養得肥肥的，這對農家，眞是一件最好的興利而又除害的事。據說蝸牛用來飼養著豬豕，也是很好的。

中午我安祥地睡了一刻午覺，已是多日沒有睡午覺了。午睡醒來，又從容寫了一點東西，隨後收拾行李出發了。同住在溪畔小屋裡的男女山胞，慇慇和我們道別。

我們先是踏上赴西拉崗調查的老路，直至不動明王石洞附近，才越過了到西拉崗登山處繼續前行，那一帶頗有一些峭壁，更頗有一些峭壁上的青藤老樹，看去眞是令人挺然，以前日本人曾有把這一帶直至大北投和深山溫泉處，開闢成一個國立公園的計劃，這眞不失爲一個好計劃。

正行走間，一輛大吉普車迎面而來，司機旁坐了一個人，見了我就要司機停車，他自己下了車立即跑來迎接我，和我握手，他是我在臺中時相過從的一位友人，他現在主持不動明王石洞旁之一橋樑和再下面一座橋樑的工程，他是此間橋樑工程主任。他對我很是親切，從深山中出來，第一次遇到山下的故人，相見之歡，自可想見。

那山下故人把我和一些同行人，用大吉普車先送到他的辦公室坐了一會，接著又送我過了一座吊橋，更過了一個很長的山洞，隨後又是一輛大客車停在石洞外，等候著我們上車，他更送我們上了車，立在車旁，等著車子開走，和我揮手送別。對一個多日在深山中而一下子又出山的人來說，這樣的乘車疾走，揮手道別，實在是表白著由一個山地世界到一個平地世界的劇變，也實在是表白著由一種山地人情到一種平地人情的劇變，而在此劇變中，我竟然還是像習慣於山地世界和山地人情，我像是土頭土腦。而對本來居住著的世界和本來習慣著的人情，是多少不免有點手足無措，一下子就生疏起來了。回頭看深山大壑，眞不勝依依。

東行到了合流工程處，這是橫貫公路的一大工程處，新蓋的房舍很多，也很整潔，我下車去會晤著有關的人士，交涉由太魯閣去花蓮的汽車，承他們的好意，後天下午三時，我們會被他們用汽車送到花蓮，我們自然對他們深深道謝。

正在交涉車輛的時候，工程處的人們，有的非常緊張，隨後我們方知工程處對面的一個懸崖，也就是太魯閣的吊橋邊，有一人騎著腳踏車墮入崖下，崖下仍是那一立霧溪，溪旁是一立霧發電廠，規模頗爲不小。

大家都擔心著這墮崖人，大家都說是很難活命，工程處的人有的人忙於去救護。我爬過了千山萬壑，不見一人失事，今纔一出山，竟見人墮崖落水，悵惘何如？自是難說。

我重上了汽車，向太魯閣而行，路過那吊橋邊，亦即人墮崖處，已不見一些墮崖的踪跡，再前行至太魯閣的街頭，突見一輛跌壞了的腳踏車，其旁爲工程處的醫療室，人們說墮崖人已抬進去醫療了，究竟跌傷得怎樣，就不得而知，而我們的汽車則繼續前行，直至富世小學的門前，方停了下來。

我們就借宿於此小學內，我和小學交涉住宿時，小學的人們都知道我們是報紙上所大登特登的高山失踪者，小學的簡校長對我們很是同情而又客氣。

我們出山了，我們安全出山了，我們先在出山檢查處交還入山證，檢查處的人慶賀著我們的安全，我們又在富世派出所辦了登記的手續，這時警所只有一位幹事在那裡，他又慶賀著我們的安全。我們只要一說是調查隊，他們就像對我們早已熟悉似的招呼著。

我們把住宿的地方定下來了以後，一位警員乘腳踏車到來我處，他是來問候我們的，據他說適纔警局的秘書，還打電話來詢問我們有沒有出山和是不是平安？又據他說他們的局長已進到山裡面去了，還有的人正忙於那吊橋邊的墮崖事。當我急急問著墮崖人的生死時，他回答道：墮崖人已是死了！更據說那墮崖人是一位退役軍人正喝了一點酒，騎上腳踏車過懸崖時，又遇到對面來了一輛卡車，躲避時，一慌張便墮崖落水。

我們住宿著的富世小學，正在蘇花公路靠太平洋之一側，蘇花公路，今日曾一度中斷，那是因爲昨晚的地震，震落了巨崖。

我們住宿著的富世小學，又是在立霧溪直下太平洋處之一側，和立霧發電廠，正遙遙隔水相對。我重到立霧溪旁洗臉洗足，又洗澡洗衣。正在這時候，和我第一次相見的山下故人，又乘車來此小學相訪，他等候多時不見我還，便急急搭客車前往花蓮，他的家是住在花蓮，他留下地址，要我到他的家裡去。

富世小學今天上午，正舉行畢業典禮，放了假，校長說：假如我們早一天，便沒有住處了，這又是一次湊巧。我們這次入山的時期，不遲不早，而出山的時期，也是不遲不早，入山出山，都是恰到好處，因此便一路平安，到處順利，眞不料外間對我們的種種傳說，竟已那樣地險惡萬分。

　　夜來靜臥於太平洋濱，海風陣陣吹來，打著我的房門，時時作響，這把我驚醒了好幾次，每次都疑心是故人來，而當我白日佇立在立霧溪畔，對著立霧溪水時，我則分明知道已非前水在了，到這裡，會正是所思與所想，兩皆怦然。

七月二十一日 星期日 天晴

今日在太魯閣停下來，休息了一天，其實這並不是休息，上午我召集了一個全體會，彼此核對著調查表格，看看有沒有遺漏之處，又把應行結算的事件也要大家分別結算了。

會後回到房內休息，竟不料大前天渡危橋、過絕壁、爬上高山的一個大平台時，所遇見的一位山地小姑娘，就是那隨母嫁給徐火木的、不姓徐而仍姓陳的小姑娘，竟來到我的房外，佇立在低窗之前，換穿了一套新的衣服，並帶了一位姓余的女友，雙雙和我攀談，而且不斷的笑著。我房內卻有好幾位學生來，於是大家相約要和她們一起開晚會。這姓陳的小姑娘名叫陳春組，這姓余的小姑娘名叫余春桃，她們來到窗前和我們隔窗相對，又隔窗笑語，會眞的應是故人來，來得奇巧，又來得熟悉。陳春組聽到我的姓名，急說我是她的本家，是她的哥哥，她還不知道我姓是另外一個字，她是天眞得過於有趣，我當即糾正她，說是像她的爸爸，於是她大笑了。她自己說自己是土包子，什麼都不懂，其實她說得一口很好的國語，常識也不錯，人更玲瓏，她的女友，也是很活潑的，我由她們，頓又憶起了在高約二千六百公尺外的關原所見之月見草，她們給我印證著月見草在月下時的朵朵昏黃，但又畢竟是異常鮮艷。我隨即要我的一位學生爲她們合照了一張相，這時她們是雙雙佇立在蓮霧樹下。

我問陳春組這位小山地之花，當她昨天由巴格唐經過那一只有幾條鐵絲懸著而沒有舖上木板的危橋時，是否會有一點害怕，她回答說她完全不怕，她在過橋時，橋搖搖擺擺，她是有如坐飛機。其實她哪裏會坐過飛機呢？她只是說她想像中的飛機。一位山地小姑娘所想像的飛機，竟是那樣的一種危橋，果眞如此，那還會是飛機嗎？

下午我算是清閒了些，我回思在天池時，傍晚四面雲低，一會兒四山都下著雷雨，獨我居留著的天池附近無雨，那眞像是天上無雨，人間有雨，固無怪報載：連日大雨山洪暴發，我等行踪至感焦慮。這是山下不知山上事，這也像是人間不識天上情，我們那時在天池，眞像是在天上，不久之後，不僅無雨，而且月出池中，光照破寮之內，令人起視，又令人沉思，這正是：

爬山直上三千尺，有水澄然作一池，倒映幾多黃檜柏，池中月出本來遲。
雲低四面成雷雨，不料天池就是晴，月照破寮光縷縷，無人洞識此中情。
即此山光並水光，猶思寄語告諸方，夜來縱是山洪發，明日終當越大荒。

我眞不料一下子竟從那三千公尺的天池上到來這太平洋之濱，我曾濯足於合歡溪畔，我曾洗齒於多米達溪中，我更夜臥於立霧溪上，夜夜溪聲入夢，將溪水濯足濯纓，更不在話下。想來這都是水，而太平洋也終是一水，這水和他水是同是異，當不在其是鹹是淡，而應當是在鹹淡之外和鹹淡之上。我愛溪流，我亦愛海水，我眞說不出此情此意，究屬如何？勉強說來，溪水使我沉思，而海水則使我馳想。我沉思不已，我又馳想無窮，而於此沉思與馳想中，反觀著一己，這使一己與溪流和海水，是同是異，又很難言。到此再詢問著乾坤誰眼碧？這便逼出了「主」來。我們這一次的行走順利，我得謝天謝地，這便是天地爲我作主，只因爲有天地作主，於是我們這一次處處可以出事，時時可以遇險的，就終於安然無事而平安無恙了。由此我思之朗然，又思之超然。

七月二十二日 星期一 天晴

一早起來，見太平洋之晨，晨光橫溢。風從山谷中出，從西方來，向東吹去，吹動草木，吹動塵沙，也吹動了衣裳，吹散了頭髮，並像要一起吹入太平洋裡，吹得一脈清涼，又吹得無邊舒暢。

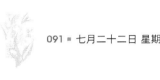

太魯閣眞是一個高山和大海的接頭處，也是一個平地和山地的交界處，那是在高山之麓，又是在太平洋之濱，那是山地的盡頭，那又是平地的起點。兩個世界在那裡劃分著，兩個世界也在那裡混淆著。那眞是一個至爲有趣的好所在。太魯閣住的大都是山地人，可是這些山地人，又大都會使人看不出是山地人，尤其是山地的孩子們和一些山地的小姑娘們，在這裡是最不易辨別的，他們和她們都令人一看見，就會說是平地人，他們和她們都長得結實而美好。

太魯閣，就字面上看，很多人都以爲這裡會有一個很大很漂亮的閣，建築在太平洋之濱，或是建築在高山之麓，說不定還會是建築在一個大山谷的出口處，或是在一條從高高山頂上直流到深深海洋中的溪水旁。其實，所有這些猜想都是錯了的。只不過所有這些設想，也都是美妙的，這是因爲太魯閣，如果眞的建築一個那樣的閣，那就美妙多了。

在高山與大海的接頭處，要有一個閣，在山地與平地的交界處，也須得有一個閣，在有山處要有水，在有水處要有山，在有山有水處要有亭台或軒榭，而在有大山大水處，則要有閣。山地是關聯著高山，平地則關連著流水，在高山流水之間，當然也應該有一個閣。要知一個中國式的閣，會有如山一樣的巍然不動，又會有如風和水一樣的飄飄，像是飛動，又像是波動。在一個只是平平，老是敞著的地方，須得有些牌坊把它閘住，而在又是平平，又是高高的區域，則須得有閣以涵之，這都是處理著山川，和管制著山海之一法，亦是整頓著大地之一要著。

今天下午三時，我們是要由沒有閣的太魯閣去花蓮了，花蓮自然也會是一個好所在。朋友說：沒有到過花蓮的人，怕去花蓮，而到過花蓮的人，則不想離開花蓮，離開花蓮的人，則老是會想念著花蓮。怕去花蓮的人，是怕花蓮的地震，不想離開花蓮和老是想著花蓮的人，是由於地震之災，終遮掩不了花蓮的好處。

昨晚本來約好了陳春組等來我們的住處開晚會，可是我們的一群，竟大都歡喜著在幾塊草地上玩橋牌，當陳春組等來了的時候，什麼也沒有準備，於是她們又姍姍回去了。我眞不明白爲什麼一些人竟會如此沉醉著一些洋玩意？有人勸我也玩玩，說是橋牌只要花五分鐘就可學會玩，我回答道：何苦要花此五分鐘？其實，像這樣只要花上五分鐘的玩意，又會算得是其麼玩意。大家到山地裡來，大家不去學一學山地，更不能稍一欣賞著山地，這眞是大家來了，「何所聞而來」？這眞是大家去了，「何所見而去」？大家固然也可以學著說「聞所聞而來」，大家固然也可以學著說「見所見而去」，但大家如此自解，又何以對高山，更何以對大海？大家從深山大壑裡來，大家又一定子到達了太平洋之濱，大家於此未能有所領悟，這就無怪乎大家只好留戀著那五分鐘所能學會的一些洋玩意，連山地的晚會，也交臂失之了。對山地人說，她們乘興而來，她們盡興而去，晚會開成與否，自然是不在乎的。

我要大家都秤一秤體重，結果大家的體重，由於此次的山行，有的增了，也有的減了，我個了是減了一公斤半，這是由於我的心情猶緊。

看了一下附設在我住處的農忙托兒所，不少的山地孩子們，把小椅子放在一株大樹下的草地上，圍坐成一團，我眞喜愛這些小孩子們，人們歡喜小孩子的理由，也許是因爲小孩一無所有，一無所知。人們喜愛無所不有，人們也喜愛一無所有。人們喜愛無所不知，人們也喜愛一無所知。就此而論，人們喜愛上帝和喜愛孩子的心理正是相同，而喜愛著滿瓶酒和喜愛著一個空酒瓶的心理，也似乎是一樣，半瓶酒和半罈醋，總會是被人疑心著不是好酒和好醋，這便是一個中年人，爲什麼會問題多端，而又禍患時作的由來。

橫貫公路工程處的大車子開來的時候，我們一行二十七人就立即上了車，離開了富世小學，小學有一位山地姑娘做工友，她很殷勤地送我們的行。

下午四時多，我們車抵花蓮市，這眞是一個有著動人的名字，又加上美麗的內容而十分和諧的都市。

我們住宿在花蓮農校內，在那裡我更遇見了一些山下的故人，又承一批新聞記者來訪問。

晚上友人李君請我看平劇，順便會晤了一位原爲抗日名將，而現辦農場的友人。

深夜看完了劉玉霞所演的《勝利回家》一劇後，回到寓所，忽見農復會陸技正在寓所相候，他一見了我，就大大地對我慶賀一番。他說：臺北看見報載我們在合歡山一帶失踪時，農復會有些人著急萬分，他曾立即電台中探詢，又準備用農復會名義，向空軍總部交涉直昇飛機尋找並空投糧食，隨後報載我們平安，但又久久未見我們出山，便又著急，特由臺北來此，已辦好入山證，準備入山尋訪我們。我怎麼也沒有料想到我們的行踪，竟勞如此之多的人士，如此關切。

七月二十三日 星期二 天晴

一早就看到各報紙大登特登著我們平安抵達花蓮市內的消息報導，花蓮更生報更特別刊載了一篇很長的訪問記，我的話特別被引述，並說我們這一次的調查結果，已作成臺灣山地資源開發的藍圖。其實我們這一次的行走，只不過是深山行走，只是平平。

人總是湊熱鬧的，而且絕大多數的人只會湊熱鬧，也只能湊熱鬧。人要是能在不知不覺中做點事，那會是多麼好啊！而且還會是多麼便宜啊！驚天動地會只是從寂天寞地裡來，會只是從寂天寞地裡出，古之大德，總藏深山。及其稍露，便存神過化。由此當知耐得寂寞方是道，不厭辛苦始爲學。

上午十時許，承張君之邀，和陸技正等同至東里復興墾殖農場參觀，乘火車約三小時，又乘卡車約半小時始達，農場面積有一千二百餘公頃，亦是在山地。現植柑橘千餘株，又兼作伐木事業，看來頗有希望，場主求我指導，我仍一本簡單化的原則，勸他種植的東西，不可種類太多，要選擇一、二種全力作去，要粗放不必集約，這是因爲面積已經夠大了。

回來時又是半小時汽車，三小時多的火車，加上休息和參觀的時間，一直弄到晚上十時，才到達市內。隨又在張君家夜宴，至十二時始歸寓所。

明天一早我們的一行，除我一人以外，就都要回校了，有的取道臺北而回，那是離隊而行，凡是離隊的人，我規定都要請假。有的繞道臺灣南部而行，這是隨隊走，由朱先生領隊。我留此等候第二隊的到來，而對這一隊師生的走，我料理著他們，到一時許始睡。

七月二十四日 星期三 天晴

清晨五時許，大家分別走了，我起來送了大家的行，又回到床上去睡，這對我而言，眞像了一件心事。三年來，從事臺灣山地園藝資源之調查工作，歷盡艱險，而終於達到了順利完成的最後一個階段，所謂最後的一個階段，即以後數十日的調查，那會是容易多了。

下午三時，第二隊一行二十八位師生，又由臺東方面，乘火車到達花蓮市，仍借宿此間，由他們那裏我獲得了家人平安的消息，我至今未寫家書，亦未接獲家書，家人可從報紙上看到有關我們的報導，但我卻久未獲家人的消息了。在此二十八位師生中，女同學凡十二人，女先生二人。中央社晚間，又電話來訪問，我當即告訴了一點，他們立即發出電報，報導這第二隊到來的訊息。

七月二十五日 星期四 天晴

上午辦第二隊入山證，又接洽借車事，下午一時十分搭乘花蓮客車至佐倉，調查佳民一部落，有不少山地孩子學著他們的爸爸，用木炭畫臉，並和我嬉笑著，也許山胞以前臉上畫花紋，是起原於遊戲，是起原於好玩。那一帶的臺灣連翹，臺灣金線和蓮霧等都生長得很好，那一帶的風光也很好，我們調查到傍晚時始回，原打算調查佐倉一部落，但時間已來不及了。

七月二十六日 星期五 天晴

借用的卡車，上午八時許開來了，今日我們的一行，乘車首先到了銅門，那裡有一個亞洲最大的地下發電廠，風光也十分美麗，由那裡再深入叢山，可經由水廉，橋林至南投縣仁愛鄉的蘆山和霧社，據說步行三天就可以到達霧社，一路還很好走，並有住宿，較之經由合歡山來花蓮的一線是好走多了。

在銅門，我們由那裡的國校彭校長引路，四處調查了一下，又回頭過了一個很長很好的吊橋，去到名叫榕樹的一個部落裏，在那裏，我們調查以後，就吃午飯了，見了那裡的村長，又吃了那裡出產的花生。

木瓜溪一直流下來，阻擋了我們借用的卡車，不能過去，於是我們大家就赤足涉水，橫渡了木瓜溪，又到達了一個名叫文蘭的高山部落裡，這些部落都是屬於泰耶魯族。

我們有一部份人還由文蘭進到了鯉魚潭，這潭面積凡八十餘公頃。

由鯉魚潭回到了文蘭以後，再涉水橫渡了木瓜溪，乘車返回寓所，中途還在花蓮農林改良場停了一會兒。

晚上召集了一個會議。

七月二十七日 星期二 天晴

先至秀林鄉公所訪問，見吳鄉長，他是山地人，說一口很硬的國語，他請我們全體吃茶點，又說了一篇歡迎的話，想不到山地人倒有一番新穎的作風。他說他在日據時代當了兩年兵，他痛恨日本人，他要山地人平地化，他說從民國七年起，山地人就漸漸不畫臉上的花紋，也不殺人了。可是在以前殺人時，不僅砍了人家的頭，而且還把頭放在背著的籮籮裡，帶回家，掛在家門口，每頓飯供著，飯前飯後都要用食物供一次，一直要供三個月，以致奇臭不堪。爲什麼那時候的山地人要殺人呢？這據他的解釋是因爲風俗，那時候男女關係極爲嚴肅，譬如有人說一個人的表妹很漂亮，都被認爲太輕佻，就非動刀兵和非殺人不可。這位山地鄉長說話也頗有風趣，他還說反攻大陸後，大家就不定可以見到面。我當即答以大家必定可以見到面，我又說我們三年來從事山地園藝的資源調查，我們一行師生幾乎可以說已是平地人山地化了。我對他致了謝意，並嘉勉了他

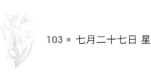

一會，我們和他合照了一張相片後，就開始了秀林村的調查工作，那實在是一個秀麗的山村。

接著我們又去調查了景美村，在景美村，我們先看了名叫三棧的部落。三棧部落有兩處，一處在蘇花公路上一個大吊橋之北，一處則在此大吊橋之南，大吊橋下流著的碧綠的溪水名叫三棧溪。

隨後我們又到了加灣調查，加灣也是屬於景美村的一個部落，地方較小，可是也很富庶。

傍晚歸來時，我們順便遊了一遊花蓮港。這是一個不算很大的港口，港口外有一條防波堤，堤的一端有一個燈塔，我跑到堤上大聲喊著在太平洋邊遊玩著的師生，要他們集合回去，不料竟驚動了看守的警衛人員，被疑為登陸之人，後來經過了一番解釋，方始無事。

終於在傍晚時，我們還接著調查了一個名叫佐倉的大部落，那裡有一百多戶，有一個大石碑，樹立得頗為可觀，村容也很美麗，有不少的蓮霧和番龍眼等。

回到寓所後，應張君之約，夜談多時，張君係日前參觀之復興農場場主，據談農場以前原係日人所經營，曾計劃容納退役軍人三百名，其辦理農場目的，全為其舊部之安

頓，宗旨頗爲正當，我當時曾對他說「工業要趕上時代」，而「農業則要超過時代」。

七月二十八日 星期日 天晴

又向太魯閣方面而行。

本日調查了靠宜蘭大濁水之克萊寶一部落，又調查了由克萊寶南行數公里之和平村內、一個名叫牛窟仔的部落。和一個名叫加拿岸、現改名為和仁的部落。

克萊寶全是一個新村的規模，房屋都是日式建築，由政府新建不久，甚為整齊，政府刻意對山地同胞，備極優待，此一部落靠太平洋之一岸，猶有可以耕墾之地，約百餘公頃，現猶未被利用，將來實有甚大之發展希望。

牛窟仔部落遠較克萊寶為大，我們先至克萊寶再回頭由克萊寶南行，走了不久，就到達了牛窟仔，在那裡我見到了和平村的楊村長，又遇到了秀村鄉的吳鄉長，吳鄉長這時候和我們再度見面，談話很是隨便。他竟說著大陸的女人遠較漂亮，他又說他不喜歡生女孩，他現有三個女孩，二個男孩。他態度是極力裝著活潑，他原是山地人的本色，頗為樸厚，但竟也感染著時風，裝著活潑，這實是一種時代的隱憂。

再由牛窟仔回頭南行，不久又到了加拿岸，那裡的人家很少，其南有一大吊橋，名叫卡南橋，橋下的溪床已大部份乾了，只有一股小水，直流入太平洋內。

我們仍是乘軍用卡車，車大而笨，加之司機的人又是第一次走蘇花公路，所以有好幾次，幾乎出了事，車上的師生，有些人已是害怕起來了，我自然也擔心。回到太魯閣時已是下午三時了，我們仍住宿在以前第一隊所住宿的富世國校內，我則仍住原房，校長簡先生對我們也仍然是很客氣。

晚上我們在草地上開了一個會。我們打算三十一日晚開一個晚會，我曾在牛窟仔約有吳鄉長，請他也來參加，他對唱歌跳舞都甚感興趣，他是要一味趕上所謂時代，他全不明瞭所謂時代，究竟是一個什麼東西和什麼意義？

推舉了五位師生組成一個康樂小組，籌劃晚會的事情。

又決定了明日的行程，那是要調查太魯閣對面二個高山上的部落，一個名叫大禮，另一個名叫大同，那是第二隊所有調查日程中最艱苦的一日。

七月二十六日 星期一 天晴

僱用了一位此間的山胞作嚮導，他帶著我們八時出發，向太魯閣的富世山而行，富世山和我們所住的富世國校，只隔著一條立霧溪，在立霧溪上有一座名叫達梓里的大吊橋。我們渡過了這個大吊橋，就到了立霧溪電廠的旁邊，由那裡我們沿著兩條由富世山麓下來的大水管，一直上去，上到出水口處，有一座大水池，水池下面就是那兩條大水管，靠那水管裏流下的水力，就發了電，供應了臺灣東部的電力。

我們一行，原是二十八人，兩位工友留在寓所煮飯，又有一位先生和一位學生走不動，就擔任了留守的職務。走到立霧發電廠的水池旁，更有三位學生，都是女的，便都不能再爬上山去了。她們被遣送回去之後，其餘的二十一位師生繼續爬山，上山的路並不難走，可是因爲相當陡，爬的時候，大家都不免吃力，只我是爬山的老手，在爬過了三千多公尺的合歡山以後，看看富世山的山路，就簡直有如平路，走的很是容易。

我首先到達了所要調查的第一個部落時，只花了一小時半，可是其他的師生卻平均落後了半小時，方始到達。

我們調查的富世山第一部落名叫大禮，大禮的派出所警員見了我，就說是已在報上看到了我們的消息，我們的入山證放在下面沒有拿上去，他也給我們登記了。

由大禮到那要調查的第二個部落，還有很遠，據那警員說要山行兩小時才到，他對我帶著一批男女師生堅決要去，頗爲驚異，但我們一行休息了一會，終於全部繼續前進了。

大禮部落的海拔高度只九百餘公尺，那第二個部落名叫大同，也是在一千公尺以下，因此由大禮去到大同的山路，更是平平，只是在將要到達大同部落時，要走下一個大山坡，而在回到大禮時，便又要在那裡爬上一個大山坡，這使大家都很費了一番氣力。

大同部落比大禮爲大，在大同有山胞二十戶，而在大禮則只有十二戶，他們都是屬於泰耶魯族，老一輩的人，臉上都畫有藍色花紋。

我們到達大同部落時，曾在那裡的天主教堂裡休息了一會，隨後進行調查。那裡的果樹很不少，而桃李尤多，其生育情況亦佳。

在大同部落裡，我們遇見了一位老婆婆，她只能說山地話，也只能懂山地人的話，我們問他們的歲數，有的說她八十歲，但也有的說她已經有一百零一歲了。山地人對自己的歲數，常常是弄不清楚的，旁人更是弄不清楚，只不過她住在大同的一位孫女，已生有幾個小孩，而且年齡也很大了，她獨居一室，其室矮而黑，她和我照了相，又引我和兩位女同學到她的寓所去。

我送了一點禮物給那老婆婆，她笑容滿面，她拉著一位女同學的手，表示很親熱，我們對她常常只曉得說一句山地話：彌也沙（好的意思），於是她也總是回答我們說：彌也沙。

終於她爬上一個木板上，取出一大握大葱送給我們，表示答謝我們的禮物，這大葱是另一品種，她要一位孫女告訴我們說可以生吃，我於是生吃了一段，味道很特別，不甚好吃，但我也只得對她說幾聲彌也沙。

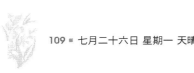

老婆婆行走很健，耳目都能聽能視，背也很直，一雙赤足相當瘦削，兩手皺紋極多，乾枯如柴，臉上的皺紋那更不消說了。

她送我們出來，直送到我們休息的教堂前，這樣一來不僅我們的一行師生，前來觀看，就是山地的大大小小的人兒，也走了過來圍著我們，大家東說一句，西說一句，而且笑了又笑，說了又說，不知怎樣，竟忽然說到她的古代服裝起來了，這不僅我們想馬上看一看，就是大同部落裡面的山地人，也都想看一看，而且連這位老婆婆的孫女們也說從來沒有見到，所以也急於想看一看，可是這位老婆婆怎樣也不答應。

老婆婆的兒子和媳婦都來勸說著，要老婆婆把她的古老服裝拿出來，給大家一觀，但這位相傳有一百零一歲的老婆婆，還是不肯答應。她只是搖搖頭，又只是笑一笑，同時又作著手勢表示決不能拿出來。

漸漸地她走回到她那又矮又黑的竹屋房，大同和大禮的山地人，都是用竹子蓋著房屋，看起來極爲有趣，也甚爲整齊，加以竹屋四週又廣植著桃李，如其是花開時節，那自然會是頗爲美麗的。

老婆婆走到她的竹屋旁，又停住了，她的兒媳和孫女孫子們以及我們的嚮導，又群起向他勸說一番，要她拿出山地的古代裝束，這時，她已有一點被說動了，但是她搖搖頭，又搖一搖手。

終於她走進了她的又矮又黑的竹屋裡，在那裡有一張很大的床，有一個用幾塊石頭搭的灶，有鍋又有一籮地瓜，她一人自己燒煮著東西吃，她撇開了她的兒女兒媳和不少的孫兒孫女，獨自生活著，她生活得像是異常自在，在她的床邊，放置著兩個大木箱，又笨又重又高又大，這當然也是山地裡的古代衣箱。

衣箱裡像是藏了很多衣物，衣箱是被緊緊地蓋著的。

老婆婆走進她獨自居著的寓所裡，我和兩位女同學也跟著鑽了進去，有一位女同學，她特別喜歡並對她很是親熱，於是這位女同學便也拉著她的手，並且把自己的花手帕，放在她的手中，她便笑起來了。

終於這一百零一歲的山地老婆婆，經不起大家的勸說，立了起來走到衣箱邊，笑了一笑又沉下了臉，表示無可奈何，慢慢地把衣箱揭開來，衣箱裡被包了又包，包的自然是衣物，山地人所織著的很結實的痲布，被用來作了包袱，這包袱，一被打開，就是一塊痲織的紅花布，被作成方形，那上面的花紋頗爲細緻，全是用手工織成的，看去眞是好看，據嚮導對我們說：在古時候山地人殺了敵人的頭帶回到部落裡，就被當成了全部落裡的英雄，就被人用此紅花布，披在肩背上表示崇敬，這是不易見到的。

老婆婆把不易見到的紅花布，兩手揭著讓大家看了一下，隨後又揭開了一個包袱，拿出了一件嚮著的繡衣，這繡衣穿起來不長不短，可到膝邊，沒有兩袖，像個背心或馬褂，可是比普通的背心或馬褂是長多了。

這繡衣眞是美，一排一排的小銅鈴，被橫掛在前前後後，像一排一排的小銅鈕扣，可是響起來的時候就大不相同了，紅綠線掛著小銅鈴，再加上其他的種種繡法，穿起來確是眩人眼目。

老婆婆把這繡衣從衣箱裡一下子拿出來，馬上就是一陣銅鈴響，大家聽得一驚，她也就一笑了。

老婆婆一笑之後，立即把她的衣箱緊緊蓋好，隨即穿上那件繡衣，又圍上那塊紅花布，還沒有走出她的竹屋，就把身子一斜一擺，跳起舞來了，銅鈴更作成了奇響。

大家笑得透不過氣時，有人竟也跟著跳了起來，我也把去歲在南澳所學得的「嗄斯，嗄斯」山地舞跳了一下，旋即停住，而老婆婆也就停住了，我覺得我那時候實在對這一百零一歲的老婆婆有點失敬，有點失禮，可是老婆婆也不知怎樣竟忘形起來，我想她一定是回想到她的青春時代了。

據說穿這樣的繡衣是很不容易的，這要在一個娶媳婦的時候或其他的極難得的場合裡，纔一穿起來，以示慶祝。這使我猛然了解了有一次她表示著希望我的一位女同學嫁來山地，而緊拉著那一位女同學的手，那是很透露了她的一種深情和一番厚意的。

至於那塊紅花布，那是被用作圍裙的，對全部落裡殺人的英雄，披上那塊紅花布，我想也一定是由於有了一個大舞會和慶功宴，一批參加舞宴的山地少女，在舞得最熱烈的場合中，解下圍裙，披上人肩的，這當然是一個極爲動人的鏡頭。

老婆婆停止了跳舞以後，我就要求她和我們同攝影，她這時是歡然允諾了。

老婆婆立即把紅花布解下又立即脫下了繡衣，立即褶好，放回衣箱中。當我們再要求她拿出其他的衣物來看時，她馬上把衣箱蓋了起來，默不作聲，她坐在她的床沿上，我的兩位女生，也坐在那裡，拉著她的手，她搖搖頭，再搖一搖手，大家都知道這是不好再去勉強她了。於是我們大家向她道謝了，又向她告別了，她還送了我們一陣，她眞是十分難遇的一位老婆婆。

我們由大同部落回到大禮。

在大禮部落中，我們調查了一會，更大吃了一頓山地的地瓜（甘藷），味道十分好，大家吃了一個飽。

由大同到大禮，又由大禮到太魯閣的來回途中，我們經過了好幾座竹林，竹子不大，可是異常挺秀，人過其下，習習風生，那眞是一個清涼的境界，令人不忍捨離。

回到太魯閣時，已近下午七時了。

七月三十日 星期二 天晴

昨日傍晚由富世山下來的時候，天幾乎要下著雨，我們看見了一片大霧，我們看見了富世山中的一片雲海。富世山近鄰的三錐山和海眠山，我們都不復能夠看見了，我們幾乎是從雲霧中下來，但我們終於沒有遇到雨。今天清晨，我一早就起來了，我在太平洋之濱，又看見了太平洋上的一壁雲山，屹立萬丈，極其蒼茫。在這山中看到雲海，在海上又看到雲山的美景，不能不說是這太魯閣的特色。我二度來到太魯閣，我又一度居住在此富世國校內，我實在是所謂天假良緣。可是今天我更再度帶了我們的師生，去到了我曾居住過的溪畔小屋，在那裡我再見到和我同住在小屋內的山地同胞和山地孩子，我真是想也想不到。

昨天的爬山，大多的女生都走得腳痛腿酸了，就是男生也有的行走不動，我因此便獨自跑到合流工程處，看胡處長，承他的熱心幫忙，這次又借給我們一輛大車子，先把我們師生一行二十六人送進山內，去到了溪畔一帶參觀了這一段橫貫公路上的偉大而艱苦的工程，順便我們還去到了溪畔小屋，途中我又遇到了那位山下故人，也就是那位江先生。隨後我們回到了太魯閣，下午二時半，又承胡處長把那大車子送我們去到了崇德村，在那裡繼續進行著我們的調查，也就在那裡完成了我們的調查工作。

在未去崇德村的前數小時，我們爲了爭取時間，便先把太魯閣附近的富世村加以調查了，剩下崇德村，我們乘車前往，先渡過了達梓里大吊橋，車行未久，就到達了那裡。我們調查的崇德村只有一個部落，可是這部落是一個大部落，有一百二十戶，有人口一千人，部落的名稱叫做達基利，那是有霧蓋著的意思。

達基利海拔高度只有五十公尺，也是在蘇花公路之上，那裡並不高，爲什麼常有霧蓋著呢？這就不得而知了。

在達基利，靠太平洋之濱，很有一些耕墾的土地，花生和甘庶種得很是不少，甘藷也種得很多，又種了一些鳳梨，達基利的人口之多，正適應著達基利耕地之廣，那是一個像是很有作爲的地方。

在達基利，木瓜和番石榴也種植得不少，每家還平均養了兩隻豬，十幾隻雞，十幾隻鴨。他們住的房子除竹屋外，還有很多的日式木屋，既整齊，也清潔。村容很是不壞。他們也都是泰耶魯族，只不過當我們詢問他們或她們是不是泰耶魯族時，他們或她們都不肯說，也像是不好意思說。他們和她們幾乎都一心追求著山地的平地化，他們和她們都一心想成爲著平地人。他們目前很有些人信仰天主教，又很有一些人加入基督教的長老會或眞耶穌教會，而加入眞耶穌教會的人們，幾乎都不再抽煙，也不再喝酒了。這對山地，實是善舉，只不過山地人的基督教化，是不是可以成功，也大有問題。在去溪畔的路途中，那不動明王是每一位山地人都要朝拜的，基督教終究不能改變它，即此亦可知基督教在山地的推行，還不過是浮面的。

我訪問了達基利的一位鄰長，他全家人口有孩子六個，男女各半，他耕墾的土地，只有一公頃，其中三分地種花生，五分地種甘蔗，另外二分地種地瓜。在三分的花生地內，他每年收獲花生二十包，每包可售一百六十元，在五分甘蔗地內，他每年獲利約一千四百元左右，他另外養了幾隻豬，又養了一些雞和鴨，就這樣地維持了一家八口的生活，只靠那太平洋濱的一甲土地。他的大兒子今年已十六歲了，正在工業職業學校讀書，他自己今年是三十七歲，他的父母都去逝了，他的住宅是竹屋，裡面隔成四間，一間客廳，兩間臥室，另外是一個廚房。客廳懸掛著國父遺像，臥室裡有耶穌傳教像，他也是一位基督徒。他的生活是生了根，他在太平洋之濱的一片土地上，生了根，他生活在自己的一切裡，他無憂無慮。就此而言，在太平洋另一岸的所謂現時代和現世界的驕子，是不是眞正生了根，是不是眞正無憂無慮，卻很難說，而在北冰洋邊好鬥好殺的狠人們，則更會是飄浮，更會是愁慘。

晚上我召開了一個結束會議，我要大家把應了未了的事，在明天一天之內要做完、要清理，並要準備把一些東西移交到下一隊。下一隊是覆查隊，那是要再去宜蘭縣山地的太平鄉、南澳鄉一帶，去切實計劃著可以開發的地方和予以開發的方式。

我對大家說：我們這一隊又順利地結束了，而且三年來的調查，到這時候，也算大體順利地結束了，這一有意義和將有很大的代價的調查，對我們每個人的一生，都會是至可紀念的。

我們還打算明晚開一個晚會。

七月三十一日 星期三 天晴

今天大家停留在寓所，沒有出發去調查，這對我眞像是大事已了。清晨起看太平洋上的雲，全不像昨晨的太平洋上的雲，會是鬱結的如山的雲。今晨的太平洋上的雲，卻已是散開了，雖然也看來如山，但那已是遠山了，那眞像太平洋彼岸的山，那是讓整個太平洋緊縮得多了。

我不斷馳思，又不斷漫想，三年來的臺灣山地調查眞已越過了千山，又渡過了萬水，高山一重重，澗水一條條，山高水急，壁削崖懸，我像是在那裡求道，我也總以爲那裡有道，我像是一個行者，又像是一個使徒，我心一時緊，一時鬆，又一時散，終於又緊了。風雲緊，心情不得不緊，而當心情不得不緊時，風雲也就更緊了。風動而山不動，雲在山中，山亦在雲裡，會有誰能眞識此山中的風雲呢？山中的風雲尚不能識，太平洋的風雲又如何能知？由此而細細體驗著一己內心的風雲，其屬萬變更可想見，這眞是赫赫一番風雨過，無人能識此中情，而在風雲緊處，則更甚於風雨來時，實大可一參。

早饍後，有幾位山地少女前來我處，要求參加我們預備在今晚所開的晚會，我表示歡迎。她們竟不知道我們的晚會是爲了她們，她們反以爲我們會把她們擯諸門外，人與人之間的心情，竟是如此雲山阻隔，此亦大可一參，由一參而悟，更一切朗然了。

下午，於午睡醒來之後，洗臉洗衣，藉此以事休息。旋又臥看窗前富世山頭的雲霧，漸漸由山頭到了山麓，但終於日出，而無雨來。念今世之人，每每是工作之餘若無刺激而安靜下去，便常若痴若呆，竟似難以度日，然刺激終造成了一世的痴呆，此在鐵幕集團內，尤其是僵固難化，這使一方面喪心，又一方面病狂，人道之窮，可謂已達極點，至此，一個人的清明，就頓成了一個人的痛苦，而閒情亦頓成了悲情。我此次山行，褲子破了，用藥用橡皮膠去補，斗笠破了，又用此橡皮膠去膠著，同行的人說：這是精於醫道中的外科，因爲那是從外面補，從外面膠著。以此而論，目前一些所謂外交政治，對此現世，不也都是從外面補和從外面膠著起來麼？特別是所謂國際政治外交家，會都只是成了一種外科了。眞正的人類的心，這時候，竟眞像墜下雲霧裡，眼看窗前富世山的雲霧，已從山頭到了山麓，而我想用頭去頂著它，這難道會有成效麼？我因此又去低頭洗我的衣褲，這一洗滌塵垢，換來清淨的勾當，眞像是可以了此一生。沉思到這裡，老母的平生，又深深進入我的回想之中了。

我二度進入太魯閣，我明晨又要就此離去了，學生們爲了今晚的晚會，大家集合練習著歌唱，今晚晚會有很多的節目，這將使太魯閣更令人懷想。

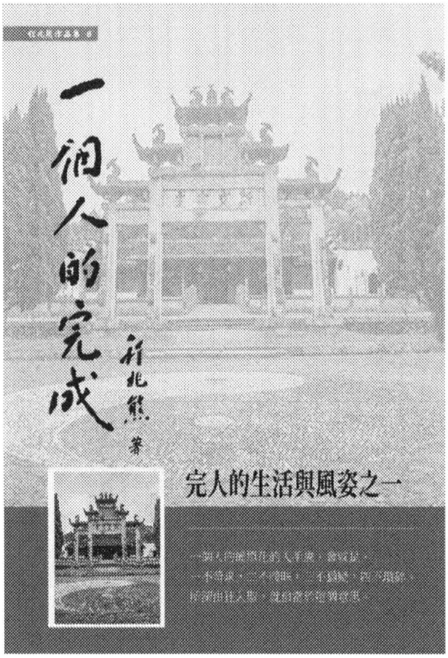

八月一日 星期四 天晴

昨晚微雨，晚會原擬放在運動場，臨時又改放在富世國校的辦公室內，人多地窄，眞是又熱又鬧。有的山胞，竟從秀林村趕來，興趣極高，惟會中所表演的和歌唱的，都是一些時下舞和流行歌曲。山地人學時髦，拼命平地化，原有的山地歌和山地舞，都似乎忘了，丟了，一經平地化，便一切蕩然無存。如此直鬧至十一時，方始散會。我對之興味索然，我思之不覺慘然，這和我以前在山地所舉行的眞正的山地晚會，實是判若天淵，我眞不瞭解，爲什麼一個人總常常喜歡把原有的一些寶藏，輕易地拋卻？時風吹散一切，時風更吹平一切，到而今，一切都是流走了，一切眞個是平平了，人類至此，世運至此，要不下墮，眞是千難萬難。

今晨八時許，我們的一行，離開了太魯閣，而我個人則是二度離開了太魯閣。

我們向蘇澳而行，那是蘇花公路的終點，我到了蘇澳以後，立即偕了一位先生去到羅東，我又準備進入上年曾經兩度上去的太平山，而今晚則借宿於羅東太平山林場的招待所，那也是去歲曾經數度借宿的所在。

傍晚在一批師生回去臺中以後，又有一批師生由臺中到達了羅東，和我會合著。我們這一次再度進入太平山，一共是六人，目的是覆查太平鄉山地園藝資源，作進一步的規劃。

接到了一封家書，得悉三個孩子此次升學考試都考得不壞，老五已考取了，三兒考臺大有把握，雍雍也很有希望，爲之心喜，久久未寐，人到中年，關心兒女的事，竟遠過關心自己了。

八月二日 星期五 天晴

辦了一天的入山證，仍無著落，一日滯留於羅東，考慮著此次再度入太平鄉應有的步驟和規劃，打算要切實規劃出一個太平鄉山地園藝資源開發的方案，付諸實行。

今天一天，算是好好的休息了一天，只不過身上又發著蕁痲疹，癢得不堪。

八月三日 星期六 天晴 傍晚雨

親自去會見了辦理入山證的主管，終於在上午十一時辦好了入山證，便立即乘大平山林場的火車去土場。

經過了大洲，萬富，三星，天送埤，清水湖等車站，到牛鬪站，就算入山了，再經瑪崙就到了土場。這一帶，因爲去歲暑期的調查，我都已走得很熟悉，惟因橫貫公路之興築，熱鬧多了。晚宿土場招待所，見了土場的雨景。

八月四日 星期日 天晴 上午微雨

爲了車子和挑夫的事，在土場滯留了一日。

這一次在太平鄉土場的心情，和去歲差不多相同的時候在此的心情，眞是大不相同，以前進入此間，就像進入了另一個境界，可是現時已不復認此爲另一境界了，從三千多公尺高的合歡山下來，又輾輾進入土場，土場自是平平。

八月五日 星期一 天晴

晨五時即起，乘六時二十分鐘森林火車趕至碼崙，曾至鄉公所訪人未遇，回至河邊乘汽車，在濁水溪溪床上馳走，九時到達四季，此一山地部落，亦爲去歲所曾調查者，今日重來，一切熟悉，惟去歲在此遇颱風，濁水溪洪水暴漲，水勢極大，水聲駭人，今則溪床成了汽車道，大不相同。人在山中行，與人坐在汽車上的心情兩樣，而和對山川的觀感，也畢竟兩樣，因口占一絕如下：

去歲曾逢濁水漲，
今來濁水已無踪；
汽車走在溪水上，
大道原存濁水中。

八月六日 星期二 昨夜雨今日晴

夜臥忽不寧，連日山行無多，反覺身心難以安頓，因念修道之人，每有賴於苦行，自非無故。

晨起後，天又放晴，昨夜大雨，以爲今日必雨，不料又晴，因於早餢後，立即偕師生們出發工作。

上午曾細勘此間之採種場，又曾細觀附近所種植之梨樹等，梨皆橫山梨，品種不佳，管理亦欠缺，惟山胞漸知植果，此對彼等之前途，關係甚大。

在四季上部落中訪一山胞家，又訪村長家，歸至寓所，更與此間警局一談。

八月七日 星期三 天晴

昨夜於山頭觀四季部落間的情景，一輪明月照得清晰，恍惚見故里風光。因遙遙苦憶著萬水千山之外，苦憶著爹娘。時至今日，一部分人類的狠毒，眞是到了極點，一部分人類的作惡，眞是到了極點，誰無爹娘，必令人生不得見，死亦不得而知，這到底是什麼心腸，這究竟是什麼思想？

在山頭月下，憶在花蓮時，見一人家懸歐陽大師所書「肝膽一古劍，風雪萬梅花」之聯語，精神直透於紙上，痛感作聖賢須是豪傑，作佛子作學人，亦須豪傑之士，人之大患，只在軟弱。嗣後接見四季村村長，談甚久。

今晨未明時即醒，起時甚早，起即整理行裝，隨即向四季告別，前往馬羅亞作進一步之詳細調查。

下午二時到達名叫埤仔南的山地部落，並宿於此。去歲在此時，此一部落曾爲我們舉行一個盛大晚會，在晚會中，更有女郎於歌舞時向我獻花，時過一載，猶未忘此情景，此誠爲一動人之情景，何可或忘？

去歲此時來埤仔南，曾偕先生五人，學生二十人同至，其中有女生多人，歸去後不久，一女生竟告休學，據其同班同學說，她是隨其姑母學佛了。其姑母捨其家財，建一寺宇，名毗盧寺，廣植山茶，爲臺中縣后里附近之一名勝處所，今年初，我帶學生赴毗盧寺實習，見該女生與其姑母同住，其姑母習禪，似有所得，又見其母。其父早逝，係我留法同學，學美術。我隨後更偕實習學生，隨該女生母女二人，同至其神岡故里，參觀其庭園設施，臺灣電影製片者，常以其庭園景色，攝入鏡頭，誠不愧爲一名園。到那裡時附近的鄰居，有的人誤以爲我們也是去拍攝電影的。我們在那裡玩了很久，傍晚方始乘火車返抵臺中。其時夕陽西下，幾乎紅了半邊天，有似著火，又有如那毗盧寺裏之丹茶怒發，因題一絕句贈之云：

此處原爲禪老家，
儘多綠柏與丹茶；
歸來落日紅於火，

道是毗盧寺裡花。

今重來埤仔南，大家不覺談起了那位女生，都覺得奇怪，我更因之沉思頗久。回想去年此際，她同來此時，曾於參加調查工作之餘，幫助辦理同仁伙食，有一次，大家在此向山胞買了一隻雞，可是都不會殺，她便親自持刀去殺。她用刀割雞頭，一刀未了，又割一刀，終將手指插入雞頸內，把雞搗死，大家於是都說她是殺雞能手。不料不久之後，她就從此休學，又從此學佛了。由此我益深深感覺到人性的奧秘，和人生的難以捉摸，深山之中，沉思至此，也就不好再往下想去了。

馬羅亞一大平臺地，面積約一百餘公頃，大都是四季村的山胞在那裡開墾。四季村上下兩部落，共有百一十戶人家，皆在馬羅亞有個人墾區，惟墾區面積在一公頃以上者，只有八家，其餘的皆不到一公頃。他們很有一些人，在那裡栽植著梨樹，總計目前馬羅亞所有的梨樹，已不下二千株，而我們此來的目的，則正要想把馬羅亞形成一大果樹區。

說到埤仔南，那也是一大平臺地，面積有一百五十餘公頃，較馬羅亞尤大，埤仔南村現只有八十七戶，種植梨樹約五百株，我們自然也想把這裡作成一果樹推廣之中心。

八月八日 星期四 天晴

去歲我帶了一部份師生，由埤仔南去到海拔二千餘公尺之鞍部，又進至臺中縣之有勝地址，隨後更返抵埤仔南，自晨至暮，凡一日間，當時即深覺鞍部一帶可植蘋果約一百公頃，報紙曾為我將此意宣揚。今日我為了進一步規劃此事，復於清晨出發，向鞍部而行，至晚方歸原處。同去的學生，行至中途，多不欲再走，我勉強他們走，他們才不得不走，回來時他們是落後很多，他們遲遲到達，約有一小時。

在鞍部途中，有三位山地姑娘，個個背著籃子，從臺中縣和平鄉之環山部落裡來，她們都是埤仔南部落裡的人，她們和我們一同回返埤仔南，她們說她們是在前天送一批所謂探險隊裡的平地男女過鞍部有勝去到環山的。這一批平地男女，把經過一下鞍部就當作探了險，這自山地同胞看來，眞是算不了什麼。三位山地姑娘，和我們一路走，又一路說說笑笑，她們眞笑得天眞，笑得自然，又笑得痛快，她們像不笑則已，一笑就要笑個痛快，連笑的尾聲都拖得很長很長，令人聽來眞有趣，又眞有味，她們還時時唱著山地裡的歌，這山地裡的歌，在深山中又在高山上，聽來實起人神思。這是在一種山野裡的野味，而野味中又飃來一陣神思。她們之中有一位名叫美沙柯，她是環山部落中一位姓詹的表姐妹。去歲我們到環山部落裡時，曾借宿於詹君家凡兩晚，詹君的太太和這次相遇的美沙柯樣子很相像。我初見美沙柯時就有點疑惑，當問明白了以後，才知她們果然是表姐妹，而這位美沙柯還在山中採了不少的胡頽子給我們吃。

八月九日 星期五 天晴 下午一陣雨

昨晚我們大吃了此間埤仔南所特產的黃菇，又約了兩位山胞領袖，細談著將來栽植菓樹的事，一輪明月在山中照得一切像清清楚楚，又像是清涼。我深感到我們來山中是有意義了，也是有福了。

今日上午，我們細細看了一下山胞所栽種的梨，我們對他們作了一番指導，關於梨的栽培，他們是完完全全聽從了我們的指導，由此，他們對我們更是親切。

我們又看了一下埤仔南的大平臺地，和埤仔南的上部落。在深深的茅草中，我們行走者，我們到達了一個高處，我們看清楚了埤仔南的大平臺。

山地人的生活，竟像是沒有什麼慾望似的，在現世界慾望構成了經濟學的基礎，造成了人世間的繁華，在現世界，慾望也動搖了倫理學的法則，加深了人類間的懊惱，對眼前的山地說：人類的應有的欲望，和人世間應有的清淨，要如何才能夠於此調協，自然也是一個大大的問題了。

下午，原打算去埤仔南的下部落一觀，但在正要起程前往的時候，天忽下了一陣大雨，遂未果行。一陣大雨以後，天上一道彩虹，其色紫藍青綠黃橙赤，加以對面之青山，尤其好看，正所謂雨過天青更有虹，自足爲山川生色。

在山地，大家對青年男女的離婚一事，雖還十分聽其自由，但在習俗上，總以爲這是不吉利的舉止，若天久不雨，在山地已有旱災的跡象，大家就都要歸咎於離婚的青年男女，而要強迫他和她即刻離開他們的部落到別處去。一直等到天下雨了，才讓他們回到他們自己的部落裡來。今天下午埤仔南一帶下了一陣大雨，這也是在很久沒有下雨之後，下的一陣大雨，埤仔南一帶的山胞，自然是歡喜得不得了。傍晚，埤仔南部落裡的村長，在南湖大山一帶打獵回來了以後，立即跑到我處，他對我們述說那樣有關離婚的習俗，我於是笑說道，現在總應該讓他們回來了。埤仔南的村長，隨後又拿了他們自釀的小米酒給我們吃，這時候一輪明月又高高從對面的一個山頭上昇起來，村長舉杯對著我，我則舉杯正對著明月，眞不料在山中能有此一段雅興。

有一位同村長一起來的山胞，自述著他在以前打獵時，曾被一條毒蛇咬著了。他立即用利刃割了被毒蛇咬著的那一塊肉，並流出了很多血，隨即尋找到兩種樹根和酒一起吞下肚內，這才得免於死。我想知道是哪兩種樹根，但他卻說不出那樹的名字，在山中，這樣的事是常見的。

八月十日 星期六 天晴下午陰

不知不覺的在山中竟到了舊曆中元節，但我仍是沒有休歇。我們今天一早五點鐘，天猶未亮，就起了身。我們匆匆的由埤仔南疾走，到上午八時半，就回抵四季，那已是我來往走過好幾次而十分熟悉的一個部落了。昨天在二千餘公尺的鞍部山頭遇見的一位山地姑娘名叫也伊柯，和另外兩位埤仔南的男山胞，一同替我們背著行李。正當我要離開埤仔南時，在鞍部山頭遇見的美沙柯又來了，她似乎也想來給我們背行李，但又似乎是特別跑來送我們的行。我同來的一位先生，盛讚著她的風度，只不過對著她，我們終於是匆匆而別。

在四季停了一會，我們就搭上了一輛卡車，我們很快的到了瑪崙。

下午返回到了土場，我們依然是借宿於土場招待所。

在山地度著中元節，眞是靜悄悄，中元節是普渡節，這無異是鬼節，在山地，我們似乎是遠離了人間，就因爲如此，所以也似乎遠離了鬼節。

由埤仔南回來到土場的途中，有一位橫貫公路築路的工人問我是石工還是土工？他是看見我衣服襤褸，鬚髮俱長，又戴著一頂破斗笠，所以就引我爲同道。在築路的工作方面，石工是專門打石頭的，土工則是專門挑土挖土的，石工的工資遠較土工爲高，於是我便漫應道我是石工，可是同我來的一位先生，卻馬上糾正說：我們是教書的。像這樣一種糾正，自山中久久行走著的人們看來，實不免是一種頭巾氣，目前的中國讀書人要如何才能夠眞正去掉那一種頭巾氣。還不能不眞是一個難題，就是我，一下了山，不又是一樣的麼？

這次我們重回到土場招待所，一位女管理員對我們是客氣多了，她在我們吃晚飯時，在我們自己燒的菜以外，還送給我們一盤鴨肉，一盤白切豬肉，這是我們入山以來，在山中所吃的最好的口味。

回到土場，差不多又眞是走到山地的邊緣了。山地目前似乎已經存在著一種危機，這就是山地部落裡的中年人，多是站不穩，不免也染上一種油滑的氣味，喜歡學著乖，學著巧，貪著便宜，在山地竟不能和他們的老年人一般，天天上著山辛勤地工作，不斷地工作。同時山地部落裡的青年女子又多是嚮往著平地，學時髦，而以能夠平地化爲榮，並內心深深想嫁給平地人，因而有的長得漂亮的女孩子，竟有時要向平地亂跑，以致陷入火坑。就這批山地女孩子說，那是一種可憐的無知，而就那批山地中年人說，則是一種可厭的輕佻，譬如給我們背行李的一位中年人，在途中竟向一位高山上的正在正作著的山地女孩大聲嚷著：憂納柯憂納柯。原來這「憂納柯」是埤仔南山地部落裡一位最漂亮的少女，當他這樣嚷著她的名字以後，接著便哈哈大笑，眞是笑得不成樣。只因爲中年人站不住，輕飄飄，所以青年人更跟著胡亂的叫，胡亂地跑，到今日，山地平地化，平地海洋化，這眞如這裡的宜蘭濁水溪，自南湖大山和鞍部一帶流下來，會合後，就一直流入太平洋而無由抵擋了。

由高山到平地再到海洋，這原是自然的，也是至爲容易的，但人類在這裡要眞正立起來，總不能聽其自然而貪圖容易。這是不能順的，這須得逆，這正是所謂「反者道之動」，這正是所謂「逆之則成聖成賢」。只不過這是艱難的，不容易的，在這裡，眞是船山所云「六經責我開生面，七尺從天乞活埋」，必須由海洋到平地、由平地再到高山，這才是天高地厚，悠久無疆。

八月十一日 星期日 天晴 傍晚雨

今日清晨，由土場乘森林火車出發，進入太平山，到第一個索道處停了很久，上去後又因爲等候森林小火車停了很久。這小火車在山地被稱爲幫幫車，我們乘上幫幫車，又到達了另一索道，上去後又等了很久，再乘幫幫車到了第三個索道，仍等著等著，上去了，更等了一會，才第四次乘上幫幫車，到達太平山頂。在那裡有太平山林場分場，又有一個招待所，我們就住宿在那裡，去年差不多這個時候，我曾兩度上到太平山，當時的感覺，十分新鮮，十分有趣，可是當今日第三次上到太平山頭時，卻一切覺得平平，一切覺得沒有什麼了。由此而思及任何佳山水，終不若家山水，百看不厭，而且一離開了，就百般思念著。傍晚下了雨，太平山頂也有了不少人家。

八月十二日 星期一 天晴

太平山頭的海拔高度，有二千多公尺，夜來已是很冷了，清晨起來也很涼，須穿著毛線衣，這一個暑期內，我在合歡山頂，夜宿天池畔，早晚都烘著火以取暖，今在太平山頭，雖未烘火，但終有涼意，由此，我暫時離開了一個熱火世界，我獲得了一個靜靜思維的良機。

在太平山招待所，我居住在以前日本天皇曾一度住宿的小樓之下。我清晨上到那小樓，看看那裡的陳設。這也原是我去歲暑假帶領學生調查時，所曾經一宿的所在，我在那樓小憩了以後，隨即叫我帶來的伙夫，也上到小樓來，我對他說：「這是以前日皇住宿過的地方，現在你也來了。」他四處張望了一會，不久又下去了，我們便隨即準備離開著太平山頂。

早膳我們是在林場的福利食堂吃的，在那裡，我瞥見了那裏的女老板，正是昨天隨我們一同上到太平山的同伴，我們坐幫幫車，我們看見她同坐，我們乘索道上的吊車，我們也看見她站在旁邊，我們同行著幾乎有一整天，竟不料又在這食堂相遇，我們見面時，都彼此笑了一笑，可是我們吃完了早饍以後，又立即和她告別了，我們九時仍乘那幫幫車向太平山的三星線而行。

我們今日的計劃，是住宿在三星線的招待所，這三星線是太平山林場的一個很重要的伐木線，去年暑期，我也曾一度到來，但沒有住宿，我們這一次所以要住宿在三星線，是預備明天一早由三星線步行到大元山。我去年暑期一度到大元山，是由羅東寒溪村而上，是悉坐索道車和幫幫車往返，不是由太平山的三星線步行去的。

我們十一時許到了三星線的招待所，這裡的風光，自我看來，是較太平山頭好多了。這招待所的規模與結構，和我去歲暑期由太平山頂去到南澳鄉一度夜宿的獨立山招待所，正是一模一樣，簡單而寧靜，管理的人員是一位老太婆，把一切收拾得乾乾淨淨。

我這一次上到太平山頂和進入到三星線，乘著幫幫車，都是立在運輸木村的車架上。我有時也坐在那車架上，我沒有坐在客裡裡，太平山林場給我們預備的客車，全由我的同伴們坐著，我的同伴們都未能知道坐在那車架上的好處。小幫幫車在深山中，又在高山上，彎彎曲曲的行走著，像一條蛇也像一條龍，更像一匹馬，我立在那裡觀看山色，就正如古羅馬的武士站立在馬車上巡視戰場。當我坐著的時候，我對著群山悠然張望著，我竟頗有點文思安安，由此我思想著世變至此，世事至此，逆之固佳，順之亦好，一切終必將仍歸於正，順之是一個曲折，是一種俯就，但在這裡，也儘有其誠意，儘有其慈悲。由此而哀矜勿喜，亦由此而內恕孔悲，則人世之悲感，亦正可以澤潤著人世，此上天之德，直是不可思議。

我們在三星線招待所裡，自己舉著火燒飯吃，我們像舉著野火，在這一帶深山裡的古木，高山上的大樹，都差不多已被伐光，只不過小的檜木林，又差不多要形成了。

下午在這三星線上的眾山頭，又滿了雲霧，接著三星線下了雨點了。

一會兒霧散雲收，雨點也沒有了，在這裡自然也是在萬山之中，因此雲霧在這一帶，也總是時聚時散，雨點則大都在下午來了一些，只是太少，濕不了山頭。

三星線是由三星山得名的，這山頭只有海拔二千餘公尺，而到三星山頂時，則有三千餘公尺，這是這一帶次於南湖大山的一座最高的山，只是在今日我猶未能上到山頂，去歲來此時，雖曾爬了一些時候，亦終未上到最高處。

八月十三日 星期二 天晴

今天是從太平山進到大元山，中間經過一個三星山，我幾乎到三星山頂，在那裡，我看到了一個雲海，眞是奇觀。

我們清晨由於太平山林場分場主任的好意，派了兩位工人，一面伴同我們行走，一面替我們背行李，我們很順利地出發了。

我們先沿著那裡的森林小鐵軌走了幾公里，隨後下到一個山谷中，在那山谷中，我們過了幾座獨木橋，又爬下幾處又陡又滑的坡，穿過一些檜木林，林中的雜草自是深深。

當經過了一大檜木作成的一大獨木橋以後，我們開始由谷底再爬上山頭了，我帶的一位工友，挑著一些炊具，原是給我們作伙夫用的，簡直是爬不動，我走在他的後面照顧，常常和前行的人失了聯繫，有時竟迷了途，只得大聲呼叫著，幸而前面遠遠的有了應聲了，我再循聲而進，我們就這樣前後呼應地前進著，在出林中，這呼應是必要的。

我照顧著伙夫爬到半山腰，我們的一群，又重新會合著。於是我便和另一位先生走在前頭，我們的步伐都很快，不久大家都遠在我們的後頭。

我已首先登上一個山頭，在那山頭，我曾看見了一個美妙而極動人的雲海，我當時不知道那是什麼山頭，以後我方聽到人家說，那已接近三星山頂了。

我們由那一接近三星山頂的山頭，又步步走了下來，在那裡，我們眞正是穿過了原始林。一路之上，有不少的大樹倒下來，我們有時在樹身上行走，我們又有時越過樹身，還有幾處，古木直立在路途當中，山徑穿過那古木根部懸起之處，像穿過一個山洞，於是我們便從那根底下走，我們走到一條無水的小溪上。我從那一溪谷中，一直走下去，路上遇見一條小毒蛇，我們把它打死了，我的同行者用走杖把它挑走，向上一擲，擲在一個懸崖邊的樹枝上，竟高高懸在那裡。

我們走出了溪谷，卻到了懸崖，在那一懸崖邊，已有了一條廢了的森林小火車道，這是通往大元山林場的路軌。我們沿著那一路軌走了些時候，就到了一個大元山林場集材處，在那裏有集材機在響動著。那一條一條的大檜木，由深谷中吊上來放在運木材的車子上，由幫幫車在森林小鐵軌上，左彎右轉地拉到遠方去。

我們去那裏材處集合了所有的同伴，於是我們便都搭上了那幫幫車，不再步行了。

我們乘搭幫幫車直到一個索道邊，我們本可乘搭索道上的吊車，下到另一個山頭，只因為那索道的安全設備猶未弄妥，於是我們便又步行而下，彎彎曲曲的走了二十多分鐘，才到達那索道的另一端，在那裡我們休息了一會，又吃了便當，隨後更搭上另一個幫幫車到達了另一個索道邊，接著還搭上了那一索道上的吊車，被吊了下去。

我們又到達了一個山頭，又搭上一個幫幫車，不久我們就進入大元出林場的招待所，大元山林場主任很客氣又很熱誠地招待了我們，晚上還為我們備了豐盛的晚餐。

今日由太平山的三星線繞三星山而抵大元山林場，步行之後，接著車行，穿過了原始林，就見到了火車道，回頭看太平山早己不見了，回頭看三星山則像在雲間，而這大元山於相形之下，更因為低了很多公尺，所以就眞像墮入了塵寰。

我去年曾兩度上太平山一度到大元山，但那都是從羅東的平地上去的，而由太平山經三星線走到大元山，或更確當地說，下到大元山，則今日之行，正是第一次。在這第一次由太平山經三星線下到大元山林場當中，我曾一方面看著雲海，一方面又作著遐思，因成小詩如後。

兩年三上太平山，
又在三星線往還；
由此更朝山上去，
大元山已落人間。

八月十四日 星期三 天晴又時小雨

在床頭，竟於窗前看見了大元山日出前的雲彩，那種顏色，眞是令人無法再去入睡了，於是我一早起身。我細細看了天邊的雲色，又細細看了大元山的山色，我在深山中，我也在顏色裡。

上午九時許，我們離開了大元山，我們在大元山又是一宿而別，我們仍是先乘幫幫車，再經索道。

當乘幫幫車到達索道邊時，我們便到了大元山的邊緣，又到山地與平地的邊緣，在那裡我們望見了臺灣蘭陽的大平原，而與那一大平原在另一端相接的便是太平洋，有一小山立在洋水中，像一頭龜，那便是龜山，一切望得清清楚楚，一切平平，一切朗然，又一切蕩然。

索道之下，接著還是一道索道，我們乘坐索道上的吊車，接連下了兩個山頭，於是我們到達了地面，並乘汽車在汽車道上馳驅了。一會兒我們離開了山地，一會兒我們回到了羅東，我們先是由羅東乘火車經天送埤到土場，去歲所調查的崙埤仔，松羅，東壘，瑪崙，芃芃等部落，也一一在望，隨又重經去歲所經的烏帽山，留茂安，四季，馬羅亞，埤仔南，鞍部等處而再回土場，重登太平山頂，這時由大元山回到羅東，正是山中兜了一個大圈子，作了一個大輪迴。

我們回到羅東後，我要學生和伙夫夜宿於羅東，等土場運出的行李，我自己和兩位先生在下午乘火車西行，不久就到達了福隆車站下了車。

在福隆有一很好的海水浴場，那是叫做福隆三貂灣，我們到三貂灣住下了，我們住宿在一家用竹子搭就的旅社內，我們隨即下了海，洗了海水浴，我們從高山到大海，像只是一下子，我們眼前的世界，像有了一個突變，這使我個人的精神上也有了一個突變，我已多年未下海，我已多年未作海水浴，這次對我而言，眞像初下海，初入浴，我像又到了一個人生的初期。

晚上我們一同在福隆一家小理髮店理了髮、剃了鬚，一位少女理髮師，爲了我們的鬚和髮忙了很久，她像也料想到我們是纔從高山下來的人，否則就不應當有那樣的鬚和髮。

回到旅社，海上右側的一個山頭，昇起了一輪明月，我一人久久觀看著，更靜聽著那無邊無際的海濤聲，天上有了清光，於是海上也像有了銀波，只不過眼面前終不是一個湖，而是一個海，並且是一個太平洋，所以銀波又畢竟形成了一種怒濤，這更使我猛回頭想起了深山中一切都像是慈祥，而在此海上則像全都是一番惱怒，世界至此，還有什麼話好說？只不過遍在高山大海之間的，就此際而言，雖然是怒濤澎湃，但畢竟還是一縷縷的清光，這清光是不滅的，我於是又有小詩道：

眼見山高月亦高，清光之下聽波濤；
聲聲遠自天邊至，不是呼號是怒號。

八月十五日 星期四 天晴時小雨

天微明，我起看海上的雲霞，這自然和山中的雲彩不是一樣。

昨夜我睡在海邊的一家竹屋裡，又是旅社中，我夜聽著濤聲，眞像有點驚心動魄，我全不料一覺醒來，海上竟成了這般顏色，鮮艷如花。我跑到海水邊，我走在沙灘上，這時候，全世界像只有我一人，我眼前只見一個海，而全世界則被放置在後面，不在前頭。風雲變色，成了彩霞，這在海上或許會是常事，而在世人的心目中，終究是一樁奇事，値得深思，値得欣賞，我爲詩如後：

夜夢數驚潮水響，
晨興海上忽如花；
風雲一變好顏色，

紅了天邊成彩霞。

上午靜居海濱，把去歲山地調查的報告書校樣，一口氣校好了，並準備明日回家一行，此際心頭眞是輕鬆。

下午小睡一覺之後，又跑去海水中作海水浴，這時海邊的男男女女愈來愈多，大家戲著水，大家樂著水，但水眞的對他們和她們會有什麼意義嗎？時至今日，山，大家已對之視若無睹了，然則水，大家對著不也是茫然了麼？不能瞭解山的人，不會眞瞭解著水，同樣，不能眞瞭解水的人，也不會眞瞭解著山，時至今日，能夠眞正知道「山水有清音」的會有幾人呢？不知道山水，不珍重著山川，像這樣的一種理路，大家會是更不明白。

我一再縱身入海中，我極力學著游泳，只不過一己是大笨了，我只會沉下，我不會浮上，眼看大家都浮在水面，我微微的笑著了。

我又倒臥在海濱的沙灘上，我仰視著太空思維著，我還把海沙，塗滿了一身，這時候，我眞像是把一切放下了，我有詩爲：

的是縱身入海中，茫茫大海留其踪，
起來一臥沙灘上，別有乾坤觀會同。

八月十六日 星期五 天晴

昨日海水浴罷，即離三貂灣乘火車西行，傍晚到達臺北，宿農學會內，竟像是從什麼地方，初次墮入了塵寰。

天微明時即醒，又急急起來，準備南下，上午乘慢車向臺中而行，至下午四時許方抵家門，院中花木在我離開之後似乎在徒長著，顯得很是陰涼。一切無恙。

這一次自臺中市由東勢入山，經谷關達見，佳陽，梨山，合歡溪畔，天池，關原，畢祿，古白楊，薛家場，大北投，合流，溪畔，太魯閣，而至花蓮之後，曾經有一個團體組織了一個探險隊，循我所行之路線走了過去，也是平安無恙。

當我由花蓮太魯閣至羅東入山，經土場，四季，馬羅亞，埤仔南，至鞍部，隨即由鞍部，埤仔南，四季，土場，直上太平山，轉至大元山而返時，這一線也有人組織一個探險隊，他們自埤仔南，由鞍部進至梨山，也一樣平安無恙地過去了。

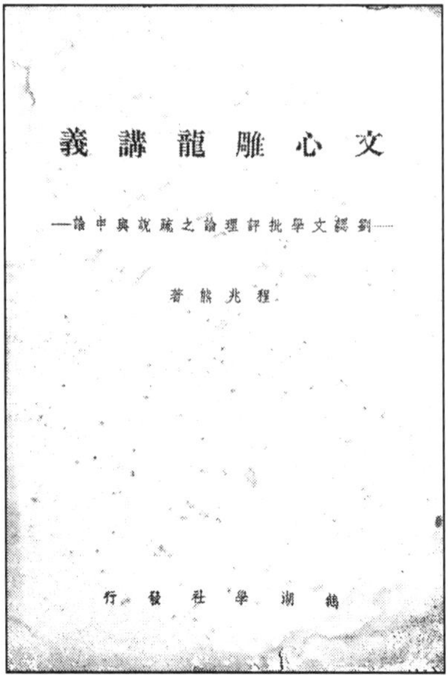
文心雕龍講義
——劉勰文學批評理論之疏說與申論——
程兆熊著
鵝湖學社發行

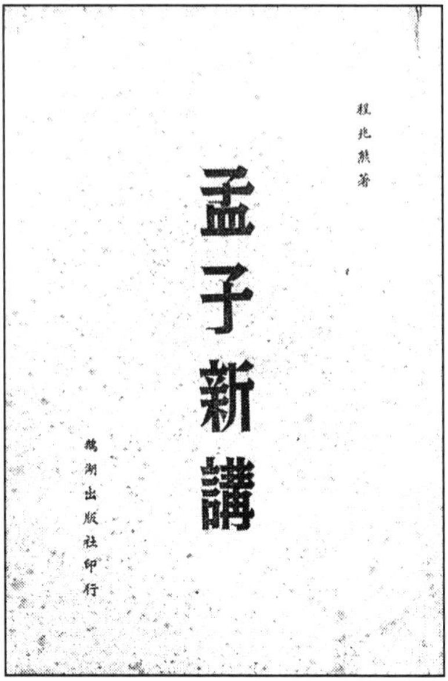
程兆熊著
孟子新講
鵝湖出版社印行

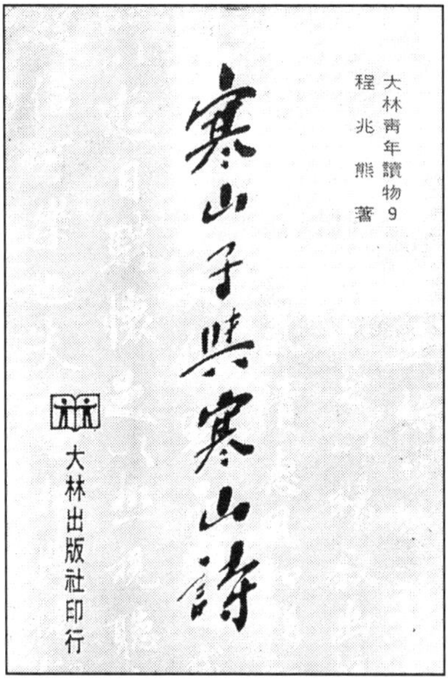
寒山子與寒山詩
大林青年讀物9
程兆熊著
大林出版社印行

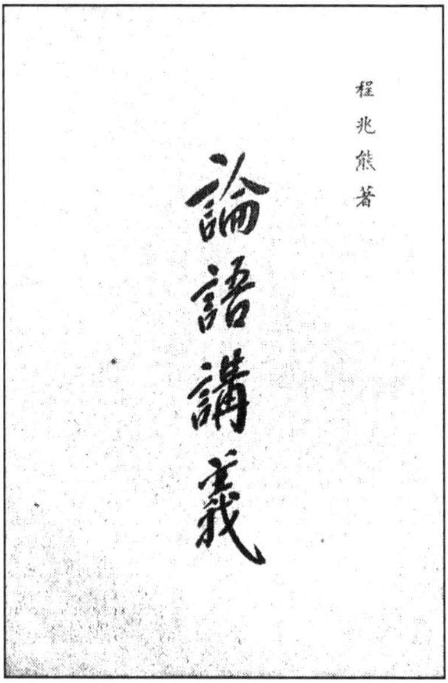
程兆熊著
論語講義

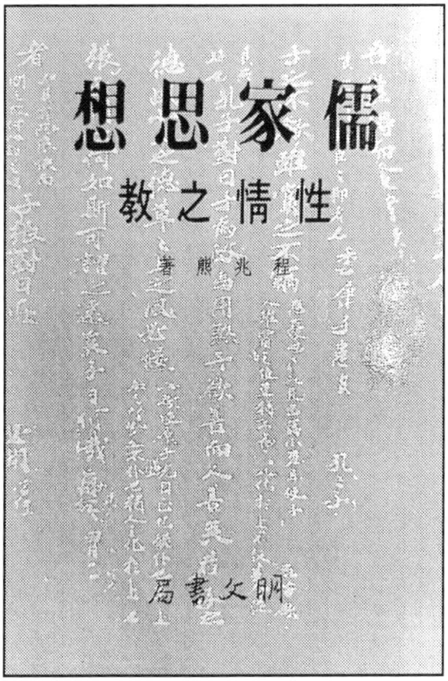
儒家思想
性情之教
程兆熊著
明文書局

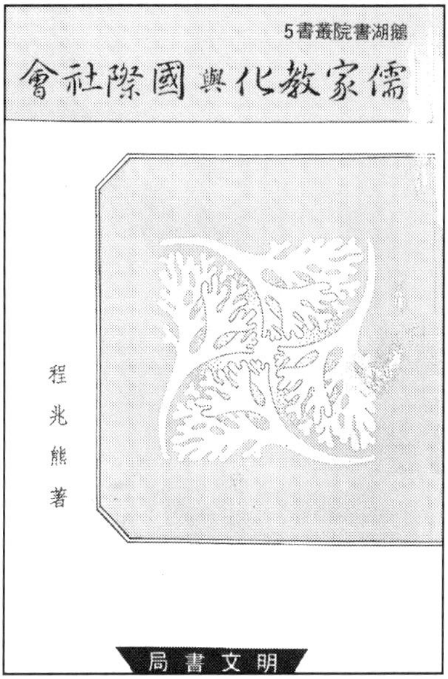
鵝湖書院叢書5
儒家教化與國際社會
程兆熊著
明文書局

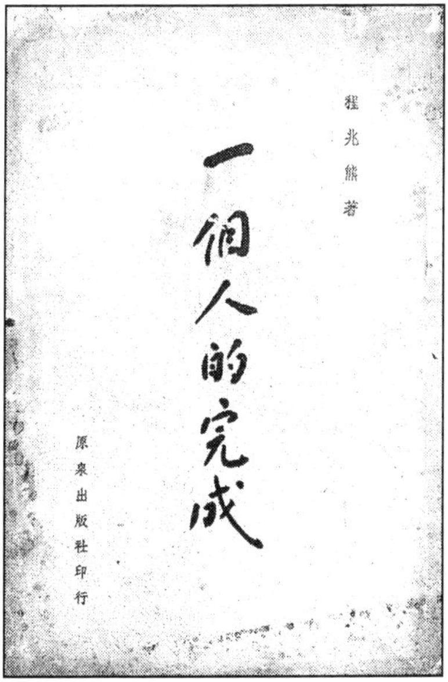
程兆熊著
一個人的完成
原泉出版社印行

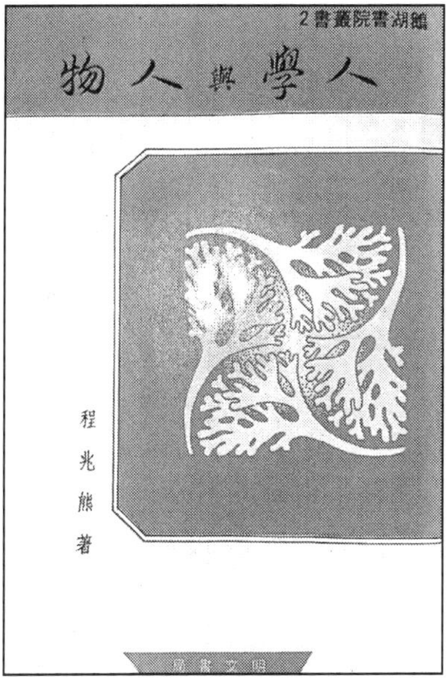
鵝湖書院叢書2
人學與人物
程兆熊著
明文書局

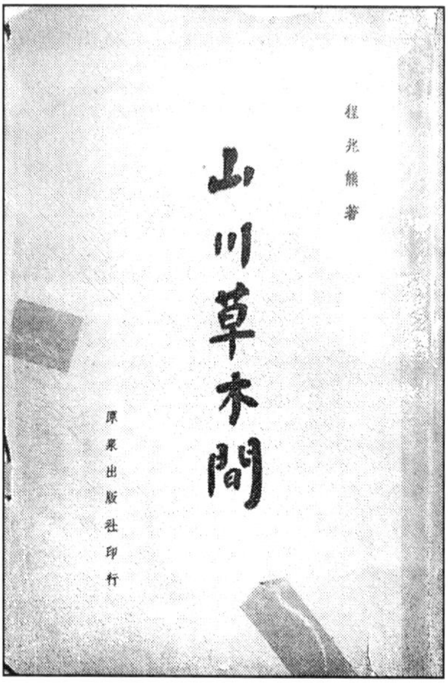
程兆熊著
山川草木間
原泉出版社印行

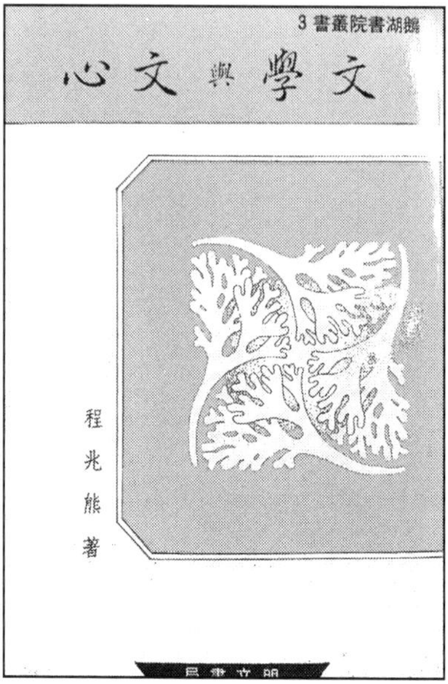
鵝湖書院叢書 3
文學與文心
程兆熊著
明文書局

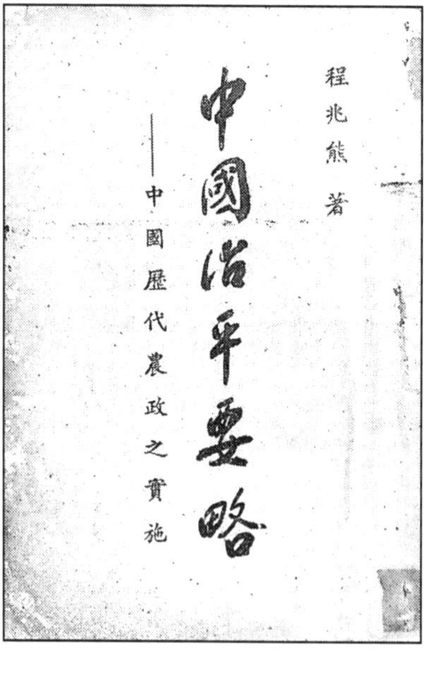
程兆熊著
中國治平要略
——中國歷代農政之實施

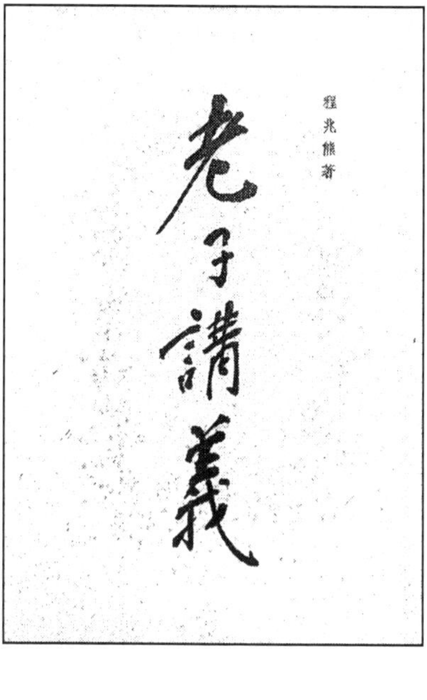
程兆熊著
老子講義

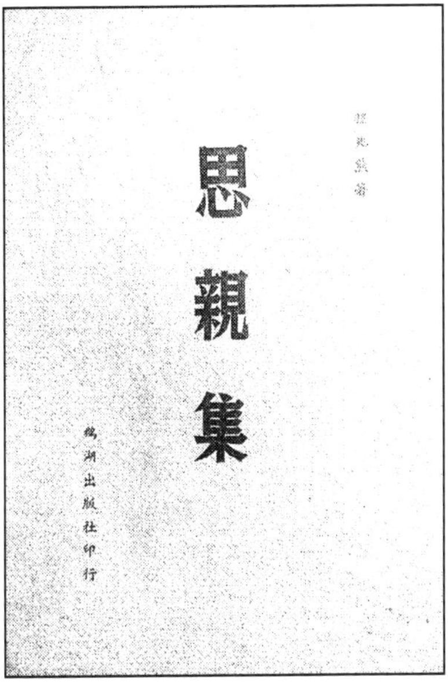
程兆熊著
思親集
鵝湖出版社印行

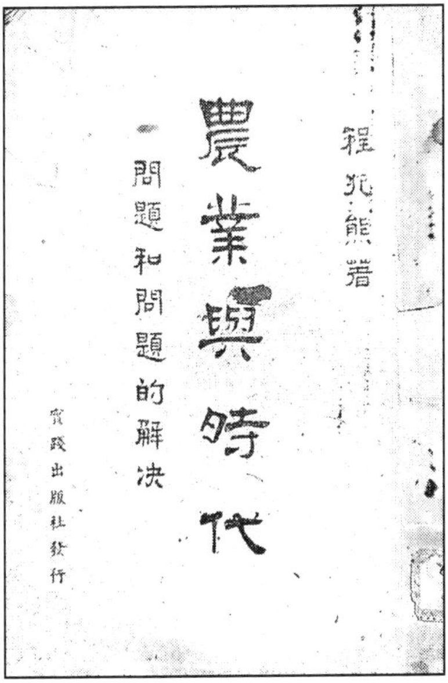
程兆熊著
農業與時代
一問題和問題的解決
實踐出版社發行

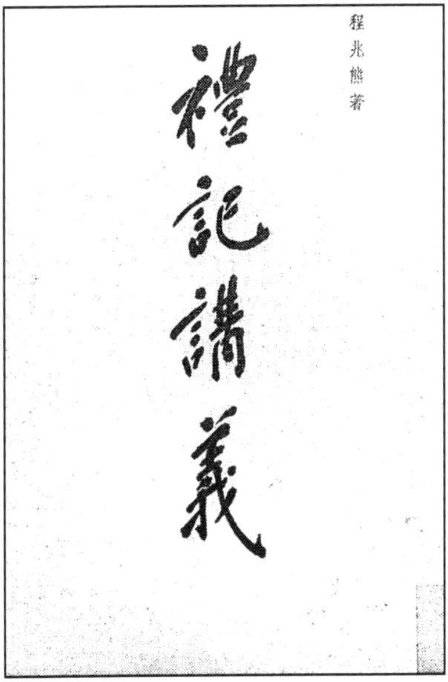
程兆熊著
禮記講義

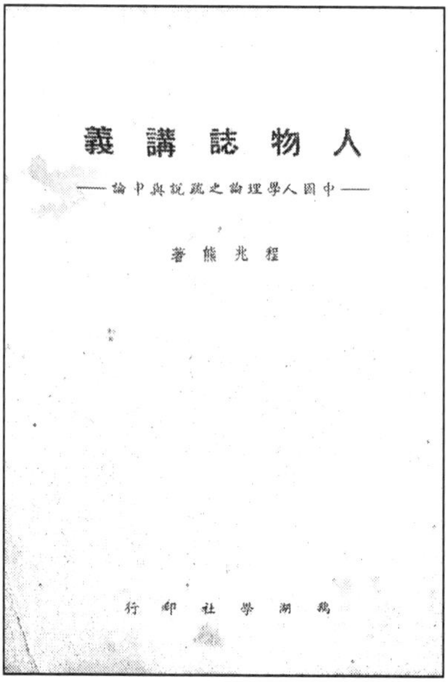
人物誌講義
——中國人學理論之疏說與申論——
程兆熊著
鵝湖學社印行

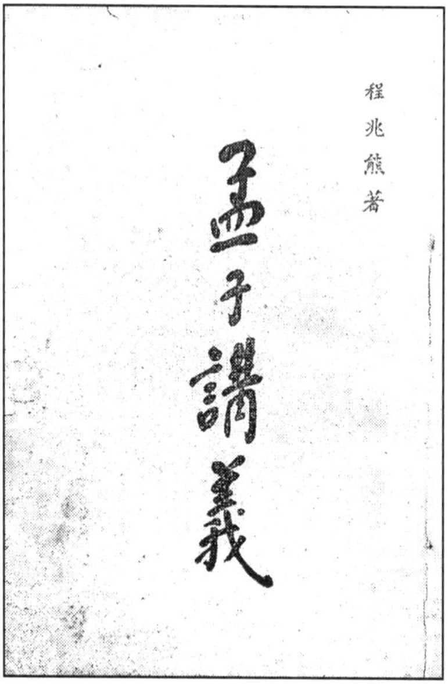
程兆熊著
孟子講義

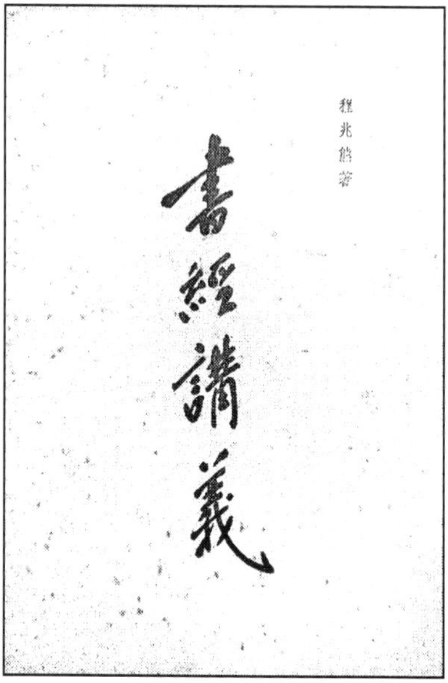
程兆熊著
書經講義

國家圖書館出版品預行編目資料

臺灣山地日記：橫越合歡山兼記太平山 大元山之行 / 程兆熊著.
-- 初版. -- 新北市：華夏出版有限公司, 2023.01
面；　　公分. - -（程兆熊作品集；09）
ISBN 978-626-7134-60-3（平裝）
1.CST：臺灣遊記 2.CST：登山 3.CST：旅遊文學

733.69　　　　111015976

程兆熊作品集　009

臺灣山地日記：橫越合歡山兼記太平山 大元山之行

著　　作　程兆熊
印　　刷　百通科技股份有限公司
　　　　　電話：02-86926066　傳眞：02-86926016
出　　版　華夏出版有限公司
　　　　　220 新北市板橋區縣民大道 3 段 93 巷 30 弄 25 號 1 樓
　　　　　電話：02-32343788　傳眞：02-22234544
E-mail　pftwsdom@ms7.hinet.net
總 經 銷　貿騰發賣股份有限公司
　　　　　新北市 235 中和區立德街 136 號 6 樓
　　　　　電話：02-82275988　傳眞：02-82275989
　　　　　網址：www.namode.com
法律顧問　呂榮海律師
　　　　　台北市錦西街62號
　　　　　電話：02-25528919
版　　次　2023 年 1 月初版一刷
特　　價　新台幣 240 元　（缺頁或破損的書，請寄回更換）

ISBN-13：978-626-7134-60-3
《臺灣山地日記》由程明琤授權華夏出版有限公司出版